KB246321

**역사 속 여자, ○○하다** <u>3</u>

여자, 조용히 살지 않기로 하다

역사 속 여자, ○○하다 3

# 여자, 조용히 살지 않기로 하다

윤민경
한보람
지음

푸른역사

삶이 나의 공부와 직접적으로 맞닿았으면 하고 바랄 때, 그런 이야기를 누군가와 나누고 싶은 갈증을 느낄 때가 있다. 2024년 초, 겨울 언제쯤이 그런 때였다. 마침 비슷한 생각을 품고 있던 몇몇이 만나, 분위기 근사하고 맛 좋은 먹거리가 한아름인 음식점에서 한껏 수다를 떨었다. 평소 안면이 있는 사이도 있었지만, 그날 처음 만난 이들도 있었다. 늘 그렇듯 수다는 중구난방. 그러나 비슷한 결의 고민을 하는 이들끼리 첫 만남의 벽을 허무는 것은 그리 힘들지 않았다. 이 책은 그날의 수다와 각자가 품고 있던 갈증과 고민을 발전시킨 결과물이다.

"여성을 제외한 역사가 가능한가?"라는 모토가 나온 지도

30년이 되어 간다. 그사이 한국사 서술의 현장에서도 여성, 젠더 등이 빠져서는 안 된다는 공감대가 형성되었으며, 관심의 대상과 분야, 시대도 광범위하게 확장되었다. 수많은 자료와 인물의 발굴은 여성사 서술의 폭을 넓혀 주었으며, 여성주의 운동과의 공명은 현실 사회와 긴밀한 연결 고리를 지닌 분야로 자리 잡게 하였다. 그러나 한발 물러나, "여성사가 한국사를 보는 '관점과 방법'으로 제대로 녹아들어 있는가"라는 질문을 던지면 여전히 아쉬운 지점이 없지 않다.

여성사를 연구하는 역사학자들이 봉착하는 가장 큰 장애물은 여성 자신의 기록이 아니라 상류층 남성과 가부장적 국가에 의해 작성된 사료를 통해 접근할 수밖에 없다는 점이다. 한국사의 대부분 기간에 절대다수의 여성이 문맹이었기에 그들이 직접 남긴 기록은 거의 존재하지 않는다. 사료에 구속되기 마련인 역사학자들은 여성의 목소리를 직접 듣지 못한 채, 남성과 가부장적 국가의 발화를 통해 들을 수밖에 없다. 이는 부지불식간에 그들의 관점과 담론 속에서 여성들을 조명하는 위험에 놓이게 한다.

관점의 편향성은 서술의 평면성을 불러온다. 여성을 어떤 제도를 구성하는 하나의 요소로만, 또 정적인 존재로만 기술

할 우려가 있다는 의미다. 간혹 이런 흐름에서 벗어나 활기 있게 서술되는 존재들은 시대와 공간을 초월하는 초인적 여성이거나 저항적 여성이었다. 너저분한 일상과 빡빡한 제도에 속박되어 살아가는 우리에게 그런 여성들은 그저 대단하거나 멀리 있는 존재로 느껴질 수밖에 없다.

이 책은 이러한 한계에 도전하기 위해 여성의 행위 주체성에 초점을 맞추었다. 시대와 공간, 사회구조와 제도에 속박된 여성들이 각자 어떠한 전략을 가지고 어떠한 행위를 했는지, 자기표현의 전략을 어떻게 수립하고 실천했는지를 추적하고자 한 것이다. "ㅇㅇ하다"는 바로 이를 함축한 제목이다.

책에 등장하는 수많은 여성 가운데 한국사라는 거대서사에 기록될 만한 이들은 없다. 개중에는 당대에는 위인으로 추켜세워졌지만 지금은 그저 구조와 이념의 피해자로 여겨지는 여성도 있고, 당대에 악녀로 일컬어졌으며 지금 눈으로 봐도 딱히 아니라고 하기 어려운 여성도 있다. 신분이나 계급적으로 다양한 부류가 등장함은 물론이다. 지금도 그렇듯 과거의 여성들도 이만큼 다양했다는 점, 다양한 시대와 사회적 조건 속에서 그들 모두가 각자의 꿍꿍이를 지니고 자기 나름의 전략을 구사하며 열심히 살았다는 점을 보여 주려는 필자들의 선택이다.

이 책에서는 당시 상황을 재구성한 허구적 서술을 적극적으로 시도하였다. 역사학자의 글은 딱딱하고 무미건조하다는 편견에서 조금이나마 벗어나고 싶기도 했지만, 무엇보다 그녀들의 목소리를 소환하여 좀 더 쉽게 널리 전달하고 싶다는 소망에서 그런 것이다. 다만 허구와 사료의 경계를 분명히 하기 위해 필자들이 각색한 부분은 본문이나 인용문과 다르게 편집했다. 어느 정도까지 허구적 재구성을 허락할 것인지는, 사료에 충실하라는 훈련을 받아 온 필자들에게는 꽤 큰 도전이었음을 고백한다.

흡인력 있는 수많은 여성의 이야기만큼이나 필자들이 그녀들의 목소리를 찾아내기 위해 시도한 방법론을 알아채 주었으면 하는 바람이다. 필자들은 사료의 행간, 사료와 사실의 균열 지점을 섬세하게 추적하고, 이를 통해 상류층 남성과 가부장적 국가의 기록이 담지 않은/못한 여성의 목소리를 드러내고자 했다. 그 과정에서 필자들도 늘 보던 사료에 대해 이전에는 생각지 못한 신선한 관점을 얻거나 새로운 독법을 깨우치기도 했다. 그런 점에서 이 책은 "여자, 역사하다"의 현장이기도 하다.

필자들의 분투도 분투지만, 세련되고 아늑한 맛집과 회의 장소들이 없었다면 이 책을 완성하기 힘들었을 것이다. 바로 그곳에서, 동네 아주머니들이 모여 주전부리와 세상 소식을 나누던 누군가의 안방을 역사의 중요한 현장으로 호출할 영감과 용기를 얻었다. 멋진 책으로 다듬어 준 도서출판 푸른역사에 감사드리며, 출간한 책을 가지고 다시 모일 미래의 맛집과 새로운 수다를 기대한다.

필자를 대표하여

장지연 씀

사료를 보다가 눈이 확 뜨일 때가 있다. 내 앞의 사료가 지금까지 당연하다고 받아들여지던 사실과 다른 이야기를 하고 있을 때다. 조선시대 여성들의 이야기가 그랬다. 나오는 사료마다 당연하다고 생각했던 조선 여성의 모습과는 달랐다. 때로는 사소한 광경이기도 했지만 때로는 충격적인 양상이기도 했다.

'귀머거리 3년, 장님 3년, 벙어리 3년'이라는 이야기가 있다. 조선시대 여성이 결혼할 때 친정 부모가 했던 흔한 당부였다고 전해진다. 딸이 새로운 환경에서 신중하게 행동하기를 바랐던 삶의 지혜가 담긴 조언이기도 했겠지만, 여성이라는 존재는 주어진 삶을 그저 묵묵히 감내해야 한다는 여성생활 지침이기도 했다. 조선의 많은 딸들은 세상이 말하는 그 지혜를 따랐을 것이다. 우리가 상상하는 조선 여성들이 조용히 삶을 감내하는 존재이듯이.

그런데 신기한 일이었다. 사료 속에서 그녀들이 또 다른 이야기를 하고 있었다. 거기에는 결코 조용히 살지 않았던 그녀들, 기어코 세상을 시끄럽게 만들어서 사회가 바라는 대로 가만히 있지 않았던 여성들이 살아 숨 쉬고 있었다. 세상이 듣고 싶어 하지 않는 목소리를 내기란 예나 지금이나 쉽지 않은 일이다. 자기 확신과 결단. 세상을 시끄럽게 하기 위해 반드시 필요한 덕목이지만 아무나 그런 용기를 갖지는 못한다.

조선 여성은 결단할 수 있는 존재였을까? 생각조차 해 보지 않은 문제였다. 공고한 가부장제 사회에서 여성은 결단이라는 주체적 행위를 할 수 있는 존재라고 상상하기 힘들었기 때문이다. 그런데 그녀들은 결단하고 있었다. 인간이라면 너무나 당연한 주체적 행위, 결단. 남성의 부속물로 주어진 바를 그저 하라는 대로 해야만 하는 존재로 여겨졌던 조선 여성으로서는 가능하지 않았을 듯한 행위인 결단. 그런데 조선 여성이 결단하고 온 힘을 다해 소리 내는 존재였음을 깨닫게 된 건 그녀들의 이야기를 열자마자였다.

《여자, 조용히 살지 않기로 하다》에는 지금껏 미처 확인하지 못했던 조선의 저편에서 튀어나와 자신들의 결단을 단호하게 보여 준 여러 명의 시끄러운 여성들이 등장한다. 명문가 마님부터 신분 낮은 대장장이의 아내까지, 조선을 살아간 여성들이 보여 준 다채로운 결단들을 소개한다.

윤민경이 쓴 〈여자, 의절하다〉는 가문의 붕당적 정체성을 수호하기 위해 자신의 분신과도 같았을 손자와 의절까지 단행한 장씨 부인의 결단을 조명했다. 여성은 오랜 기간 관계와 감정에 매몰되는 존재로 치부되어 왔지만, 이 글에서 소개하는 장씨 부인은 혈연의 어쩔 수 없는 끌림을 넘어서서 냉철한 현실 인식과 정치적 판단을 보여 준다. 장씨 부인의 결단을 복원해 낸 이 글은 여성 스스로가 주체가 되어 자신이 속한 가문의 방향성을 만들어 갔던 역사를 짚은 작업이다.

한보람이 쓴 〈여자, 복수하다〉는 자기가 속한 공동체를 지켜 내기 위해 범죄자가 된 여성들의 이야기이다. 절굿공이, 칼, 낫, 그리고 맨손으로 때로는 전 남편을, 때로는 남편을 죽인 원수를, 때로는 과부며느리를 보쌈하러 온 패거리를 처단하는 결단을 보인 여성들이다. 그녀들은 자신이 쓸 수 있는 모든 수단을 사용해서 스스로를 증명하고자 했다.

그 증명을 향한 몸짓은 너무나도 치열해서 사회가 용인하는 범위를 훌쩍 넘어 범죄의 영역까지 두려움 없이 다가가는 모습들로 남아 있다. 일상을 벗어나 범죄에까지 이른 여성들의 행동 양상은 엽기적인 일부의 일탈행위로 보일 수도 있다. 하지만 그녀들의 범죄행위를 바라보는 국가와 사회의 시선까지 종합해 본다면 여성들이 극단적인 방법을 이용하면서까지 쟁취하고 싶었던 가치가 무엇이었는지 확인할 수 있을 것이다.

가부장제 사회 조선에서, 아무도 기대하지 않았을지라도, 스스로를 가문과 친족의 책임자이자 수호자로 위치 지었던 여성들. 소속 공동체의 주인으로서, 어느 누구도 쉽게 하기 힘든 단호한 결단들을 마다하지 않으며 자신의 정체성을 만들어 갔던 수많은 여성들. 결코 조용히 주어진 역할에만 안주하지 않았던 그녀들의 목소리를 오늘날 우리가 제대로 듣지 못하고 있는 것은 아닌지 되물으면서 《여자, 조용히 살지 않기로 하다》를 시작한다.

한보람 씀

기획의 변 ...... 5    들어가며 ...... 10

여자,
의절하다 ...... 16

18세기, 안동의 장씨 할머니
신념은 피보다 진한 것
조선의 뭇 장씨 부인들

한
보
람

○

여자,
복수하다 ...... 50

절굿공이: 어머니의 원수를 쳐 죽이다
칼: 남편을 살해한 범인에 꽂다
낫: 며느리를 보쌈하러 온 패거리를 베다
맨손: 몰래 묻은 무덤을 파헤치다

# 여자,
# 의절하다

·

윤민경

'아녀자의 인[婦人之仁]'이라는 말이 있다. 일시적 감정에만 치우쳐 정도에서 어긋난 사랑과 연민을 의미하는 부정적 표현이다. 이 말에는 감정의 과잉을 군자가 경계해야 할 일이자 여성의 전유물로 생각하는 비하적 인식이 깔려 있다. 조선의 남성 지식인들도 '아녀자의 인'이라는 말을 즐겨 사용했다. 여성을 기본적으로 감정적이고 관계 매몰적인 존재로 본 것이다.

이제 살펴볼 것은 의절한 조선 여성들의 이야기다. 일시적 감정에 치우치지 않고 신념에 따라 혈연을 단호히 끊어 낸 여성들. 그녀들은 왜 이른바 '아녀자의 인'을 구사하기보다는 의절을 택했을까? 사실 조선시대에 자신이 중시하는 가치를 위해 의절하는 여성들은 적지 않았다. 그중에서도 자신의 정치적 신념을 지키기 위해 의절을 선택한 여성들이 있었다.

16세기 후반 조선에서 동인과 서인이 시작된 이래, 동인과 서인, 노론과 소론 등의 붕당은 정치 세력에 머무르지 않고 지역·학통·혈연·혼인 등이 복잡하게 얽힌 사회문화적 집합체로 기능했다. 조선의 붕당이 사족 남성들의 전유물이었을까? 혹시라도 그렇게 생각한 독자가 있다면 고정관념을 잠깐 내려놓아도 좋다. 조선시대, 특히 당파 간의 대립이 치열했던 조선 후기에는 정치에 직접 참여할 수 없었던 사족 여성이라 할지라도 집안에서 견지해 온 붕당적 정체성을 가감 없이 표출하는 사례들이 다수 발견되기 때문이다. 이런 이유로 여기서는 조선의 붕당을 여성의 정치의식을 포착하는 하나의 도구로 접근하고자 한다. 대표적인 사례로, 17~18세기 경상도 안동에 살았던 장씨 부인의 이야기로 들어가 보자.

# ✷
# 18세기,
# 안동의 장씨 할머니

1738년(영조 14) 여름, 무더위가 기승인 어느 날,

경상도 안동의 어느 한옥 앞.

사방에서 사람들이 삼삼오오 몰려들고 있다. 도포 차림에 갓을 쓴 양반 어르신네부터 양반들이 하나둘씩 데려온 건장한 남자 노비들, 수군대며 구경나온 마을 사람들까지. 그런데 분위기가 도무지 심상찮다. 노비들은 몽둥이나 망치, 절굿공이를 들었고, 양반들의 얼굴엔 왠지 모를 결의와 분노가 서려 있다. 작열하는 뙤약볕 아래로 장정 수십 명이 만들어 내는 팽팽한 긴장감이 이들의 집결 장소인 어느 한옥을 에워싸고

있다.

그때 대표 격으로 보이는 한 양반이 한옥 안에 있는 사람들을 향하여 소리친다. 지금 당장 당신네들의 집을 부숴 버리겠다고, 염치가 있다면 이 마을을 떠나라고. 그러자 함께 따라 나왔지만 인정상인지 소심함인지 선뜻 입을 떼지 못하던 다른 사람들도 덩달아 목소리를 높여 한옥을 향해 야유하기 시작한다.

하루아침에 집이 파괴될 절체절명의 위기.

한옥 안에는 바깥 군중의 성난 목소리에 두 눈을 질끈 감은 늙은 여인이 있다. 여인의 주변으로 도무지 어찌할 줄 몰라 불안한 가족들은 안뜰을 종종걸음으로 다니고, 집안 노비들은 바깥의 소란이 도대체 무슨 영문인지 몰라 눈길을 주고받으며 재빨리 상전의 기미를 살핀다. 집 안에서 지금 이 수치스러운 야유를 홀로 조용히 견디고 있는 이는 오직 늙은 여인뿐이다.

바로 장씨 부인(1642~1739)이다.


장씨 부인은 누구인가? 그녀는 영남 지역의 대표 학자 장현광張顯光(1554~1637)의 증손녀이다. 장씨 부인은 경상도 안동의 순흥 안씨 집안으로 시집와 평생을 살면서 일가족과 지

*그림: 정인성, 천복주.

역 사람들의 칭송을 받아 왔다. 그러던 그녀의 말년에 뜻밖의 횡액이 닥친 것이다. 대체 무슨 일이었을까? 말 그대로 무너질 위기에 처한 순흥 안씨 집안, 장씨 부인은 이 위기를 어떻게 돌파했을까?

이를 살펴보기에 앞서 주인공인 장씨 부인 이야기를 좀 더 해야 할 것 같다. 그녀가 겪었던 횡액과 이후 행보를 이해하기 위해서는 개인사에 대한 최소한의 소개가 필요하기 때문이다.

먼저 통성명부터. 장씨 부인의 본관은 인동. 옥산 장씨로도 불렸다. 아쉽게도 부인의 이름은 알 수 없다. 뭇 조선시대 여성이 그랬듯 장씨 부인도 분명 생전에 이름을 가지고 있었겠으나 그 이름이 기록으로 남지 못했기 때문이다. 다음으로 생몰년. 그녀의 이야기를 기록한 경기 지역 양반 남하정南夏正(1678~1751)의 글에 따르면 장씨 부인은 1739년(영조 15)에 무려 98세의 나이로 생을 마감했다고 한다. 지금도 그렇지만 조선시대에 90대까지 장수하는 것은 정말이지 드문 일이었다. 아무튼 남하정이 기록한 장씨 부인의 몰년을 토대로 역산하면 장씨 부인은 1642년(인조 20) 태생이 된다. 그러니까 그녀는 인조 재위 시절에 태어나서 효종, 현종, 숙종, 경종, 영조 대에 이르기까지 무려 조선시대 여섯 왕 대를 살았다.

장씨 부인의 부친은 장영張鈵(1622~1705), 모친은 광주 이씨로, 장씨 부인은 영남 지역의 대표적인 남인 집안 출신이었다. 남인이냐 서인이냐, 노론이냐 소론이냐 하는 붕당은 당시 양반들에게 참으로 중요한 요소였다. 조선시대에 붕당이 같다는 것은 정치 성향뿐만 아니라 학문적 지향, 관혼상제의 의례, 나아가 일상의 생활 문화까지도 비슷하게 향유한다는 의미였다. 붕당이 생활 문화까지 규정했느냐고? 조선후기의 대학자 성호星湖 이익李瀷(1681~1763)의 기록에 따르면, 붕당에 따라 말투와 행동거지, 패션까지 달라서 겉모습만으로도 그 사람이 어느 붕당 소속인지 식별할 수 있었다고 한다. 자연히 혼인도 같은 당파의 인물과 하는 경우가 많았다. 오늘날에도 집안 분위기가 전혀 다른 집안과의 결혼은 순탄하기가 어렵거늘 하물며 조선시대에 있어서랴. 장씨 부인도 마찬가지였다. 당시의 순리대로, 남인이었던 장씨 부인은 안동의 남인이자 자기 집안과는 이미 사돈 관계에 있던 순흥 안씨 안중현安重鉉(1639~1685)과 혼인했다.

남편 안중현은 1639년생(인조 17)으로 그녀보다 세 살 연상이었다. 그는 어떤 사람이었을까? 안중현에 대한 기록을 읽어 보면 의리 있고 다정하고 소탈한 사람이 떠오른다. 안

25

중현은 진사시에 합격했으나 이후 더는 과거를 준비하지 않았고, 벼슬은 미관말직에 그쳤다. 안동의 시골집에 머물며 집안을 돌보던 장씨 부인과 잠깐 떨어져 정릉 참봉으로 일했을 때에는 매일같이 능묘 주변에 잔디를 입히고 소나무를 심었다고 한다. 안중현은 성실하지만 자기 잇속은 챙길 줄 모르는 미련한 사람이었다. 또한 네 명의 누이를 둔 외아들로, 늘 집안 대소사를 도맡았다. 심지어 부모 잃은 서자 사촌 동생까지 챙겼다고 한다. 이런 정 많은 남편 곁에서 매 순간 힘을 합쳤을 장씨 부인의 노고를 짐작할 만하다.

남편 안중현의 다정함은 때때로 정도가 좀 심하기도 했다. 장씨 부인이 산고 끝에 아들을 낳은 바로 다음 날, 안중현은 친지의 상에 조문을 가서 몸소 염습까지 하고 돌아오기도 했다. 삼칠일도 지나지 않았는데 조심은 못할 망정 조문 가서 시신 염습까지 하고 오는 남편이라니. 이렇듯 남에게 한없이 퍼주는 스타일은 가족에게 어쩔 수 없이 소홀하게 마련이다. 게다가 안중현은 장씨 부인에 비해 타고난 명도 길지 못했다. 장씨 부인과 사이에서 4남 2녀를 낳았는데, 안중현은 막내 아들딸의 혼사도 보지 못한 채 1685년(숙종 11) 47세의 나이로 병사했다.

남편을 잃은 40대의 장씨 부인. 장씨 부인이 만약 남성이었다면 배우자와 사별 후 재혼하거나 첩을 두었겠으나, 홀로 된 17세기 후반의 명문가 여성에게 재혼은 선택지가 아니었다. 그녀에게 주어진 과업은 남편 생전에도 그래왔듯이 안주인이자 어머니로서 순흥 안씨 집안을 잘 경영하는 것이었다. 장씨 부인은 홀로 시어머니를 모셔야 했고 건강히 자란 아들딸의 혼사도 치러야 했다. 남편의 빈자리가 너무 크지 않게끔 순흥 안씨 집안을 돌보는 일이 결코 녹록지 않았을 것임은 상상하기 어렵지 않다.

그래도 홀로 된 장씨 부인이 비빌 언덕은 있었던 것 같다. 다름 아닌 그녀의 친정이다. 지금의 구미 지역인 경상도 인동과 성주에 있었던 장씨 부인의 친정은 경제적으로 크게 부유하진 않지만 대학자 장현광을 배출한 영남의 명문가였다. 친정집은 그녀에게 정신적으로 큰 힘이 되어 주었다. 딸 셋, 아들이 여섯인 집안의 장녀였던 장씨 부인은 형제들과도 우애가 깊었다. 무엇보다 당시로서는 매우 드물게 장씨 부인은 60대까지 친정 부모가 구존한 커다란 복을 누렸다. 그녀도 90대까지 살았으니 친정에 장수 유전자가 있었음이 분명하다. 장씨 부인은 당시의 여느 양반 여인들처럼 늙으신 부모

❶

장씨 부인의 친정집, 경북 구미의 인동 장씨 종가.
장씨 부인의 증조부 장현광이 심었다는 회화나무 밑으로
모원당慕遠堂과 청천당聽天堂이 보인다. 모원당은 장현광이 지은 것이고
청천당은 성주에 있던 장응일의 청천와聽天窩를 장씨 부인의 오빠
장만기張萬紀가 옮겨 온 것으로 추정된다.
* 출처: 한국국학진흥원.

님과 여러 형제들과 한글 편지를 주고받으며 정다운 소식을 나눴으리라.

장씨 부인은 그렇게 한평생 자기 앞에 주어진 삶을 성실하게 살아갔다. 너무 전형적인 전개라 다소 진부하게 느껴질 정도로. 자식복도 많았다. 남편 안중현이 살아 있을 때 벌써 아들 안연석安鍊石(1662~1730)과 안노석安老石(1665~1732)이 사마시에 동시에 합격하여 세간의 화제가 되었다. 남편 사후에는 아들 안연석과 손자 안복준安復駿(1698~1777)이 문과에 급제하는 영광도 누렸다. 그녀의 모범적인 삶을 보상이라도 받듯이. 눈에 넣어도 아프지 않을 자랑스런 아들과 손자였다. 속내야 누가 알겠느냐마는 이렇게 정리해서 보면 동시대 다른 양반 여성의 삶과 비교할 때 상당히 괜찮은 인생이었다.

# ✳
## 신념은
## 피보다 진한 것

그랬던 장씨 부인의 말년에 집이 부서질 횡액이 닥친 것은 사랑해 마지않았던 아들과 손자 때문이었다. 대대로 남인을 고수했던 이들 순흥 안씨 집안에서 아들 안연석과 손자 안복준·안택준이 노론으로 변신한 것이다. 이들뿐만 아니라 많은 안씨 일족들이 함께 남인에서 노론으로 돌아섰다.

　남인이었던 안동의 순흥 안씨들은 언제부터, 어째서 노론의 입장을 자처하게 된 것일까? 역사학자 정진영의 연구에 따르면, 순흥 안씨의 노론 전향은 국왕 영조의 즉위를 전후하여 이루어졌다고 한다. 특히 1728년(영조 3)인 무신년, 영조의 즉위와 노론에 불만을 지닌 소론·남인이 일으킨 무신란戊申亂(이인좌李麟佐(1695~1728)의 난)이 중요 기점이었다. 영남 남인들 가운데 무신란에 동조한 이들이 많았기 때문에, 반역에 가담치 않은 남인들 가운데 일부는 반란 세력과 선을 긋고자, 혹은 중앙 정부로부터 반역향叛逆鄕으로 낙인 찍힌 영남의 소외된 처지에서 벗어나고자 노론이 되었다.

안연석−안복준·안택준 부자의 전향에는 상반된 평가가 뒤따랐다. 먼저 노론은 안씨 부자가 선조들의 '잘못된' 정치적 입장을 무비판적으로 따르지 않고 올바른 길을 추구한 결과라고 칭찬했다. 반면 남인은 안연석과 안복준이 일찍이 탐관오리로 처벌받은 전력에 주목했다. 안씨 집안이 탐관오리로 낙인 찍힐 위기를 극복하고 안동의 지역 사회에서 자신들의 영향력을 강화하기 위해, 남인 정체성을 던져 버리고 노론과 결탁했다고 본 것이다. 당시 중앙 정계에서의 정치적 영향력은 노론이 남인에 비해 압도적이었다. 즉 남인들은 안씨 집안의 전향이 진정한 감화에서 비롯된 것이 아니라 가문의 영달을 위한 안씨들의 전략적 행보에 불과하다고 의심했던 것이다.

의심에서 그쳤다면 이 글도 쓰이지 못했을 터. 안동의 남인들은 한때 뜻을 같이했던 안씨 집안의 '변절'에 크나큰 불만을 품었다. 뭐가 그렇게 불만이었느냐고? 안씨들이 단순한 노론 지지를 넘어 이를 적극적으로 행동에 옮겼기 때문이다.

1738년(영조 14), 장 부인의 손자 안택준을 중심으로 한 안씨 일족은 안동에 김상헌金尚憲(1570~1652)의 서원을 건립하는 일을 계획했다. 김상헌은 병자호란 때 청나라에 대한 결사 항전을 고집하다가 심양에 볼모로 끌려갔던 '척화신斥和臣'으로 유명한 인물이다. 조선 후기에는 명나라에 대한 의리를 중시하고 청나라에 대해 반감을 지닌 사회적 분위기가 만연했기에 김상헌을 기념하는 공간을 조성하는 것은 전혀 이상한 일이 아니었다. 문제는 그 장소가 안동이었다는 사실이다. 안동은 정치적·학문적으로 남인들의 본고장과 같은 지역이었다. 김상헌은 서인이었던 데다 사후에는 서인에서 파생된 노론으로부터 추앙을 받았으므로, 안동에 김상헌 서원을 세우는 것은 남인의 본고장을 노론이 침범하는 것과 다름없었다.

가뜩이나 기세 등등한 노론이 중앙 정계에서는 물론이고 영남 지역 곳곳에서도 영향력을 확대해 가던 차였다. 남인들은 안동에 김상헌 서원이 들어오는 일만은 막아야 했다. 김상헌 서원을 매개로 중앙 노론을 등에 업고 지역 사회에 영향력을 행사하려던 장 부인의 손자들과의 대립은 필연적이었다. 게다가 남인들의 직접적인 피해도 상당했다. 장 부인의 집을 부수려 했던 남인들의 주장에 따르면, 장 부인의 손자들을 비롯한 안씨 일족 등으로 인해 안동의 남인들은 옥에 갇히거나 고문을 당하는 큰 피해를 보았고, 심지어 귀양을 가게 된 경우도 있었다고 한다.

뒤늦게 이러한 사실을 모두 알게 된 장씨 부인. 충격은 컸다. 영남 남인의 학문적 거두인 장현광의 증손녀로, 남인 명문가의 후예라는 자부심으로 평생을 살아온 그녀였다. 아들과 손자가 한양으로 벼슬살이 하러 드나들며 노론으로 '변절'했을 줄은, 그래서 고향 선비들에게 이렇게 피해를 끼치고 있었을 줄은 상상도 못했다.

금이 간 자부심에 괴로워할 새도 없었다. 일단은 눈앞에 닥친 상황을 수습하는 것이 먼저였다. 장 부인은 집을 부수려고 모인 양반들에게 사람을 보내 "자손을 잘못 키운 죄가 크다"며 극구 사죄했다. 당장이라도 집을 부술 것 같던 안동의 선비들은 지역의 존경을 두루 받던 노부인의 진심 어린 사죄에 다소간 마음이 누그러져서, 우리가 "현모賢母"의 뜻을 훼손할 수는 없다며 장 부인의 집에서 물러났다.

사실 여기까지는 집이 무너질 위기에 처한 자라면 누구나 할 수 있을 법한 일. 게다가 자식 잘못을 자기 잘못이라고 자책하면서 자식을 감싸는 부모는 예나 지금이나 수두룩하다. 그러나 장씨 부인은 결코 그렇게 행동하지 않았다. 그녀는 손자를 불러 매섭게 꾸짖은 후 다시는 얼굴을 보지 말자며 절연을 선언했다. 손자의 입장에서는 자신에게 늘 자애롭기만 하던 할머니의 180도 달라진 모습에 이러지도 저러지도 못했을 것이다.

대부분의 화는 시간이 지나면 누그러지기 마련인 법. 장씨의 손자는 한참 뒤 할머니의 화가 풀릴 때쯤 안동의 고향 집을 다시 찾았다. 다음은 남하정의 〈장부인유사張夫人遺事〉 기록을 바탕으로 장씨 부인과 손자가 나누었던 대화를 각색한 것이다.

"할머니, 제가 집에 돌아왔습니다. 건강은 어떠신지요."

"내가 너를 생각할 때마다 원통하여 탄식이 그치지 않았다.
감히 여기가 어디라고 돌아왔느냐!
여기가 정녕 네 집이더냐?"

"그렇습니다."

"우리 집안은 조상 대대로 남인 집안이다.
여기가 노론인 네 집이라면 내가 도저히 여기에
있을 수 없겠구나.
류씨 집안으로 시집간 너의 고모네가 남인이니,
나는 거기로 가서 여생을 마치련다.
당장 가마를 대령하여라."

"그게 무슨 말씀이십니까. 게다가 날도 이미 저물었습니다.
제발 가지 마시옵소서."

"싫다. 네가 내 뜻을 어긴다면 나는 지금 당장 죽으련다.
더 이상 나를 더럽히지 말아라."


세상에 이런 할머니가 있을까.

98세의 장씨 부인은 오랜만에 고향 집에 온 손자를 매섭게 꾸짖은 뒤 결국 그날 밤 바로 채비하여 수십 리 떨어진 딸네 집으로 가마를 타고 길을 나섰다. 고령의 부인에게 무리한 이동은 치명적이었다. 급속도로 쇠약해진 장씨 부인. 그

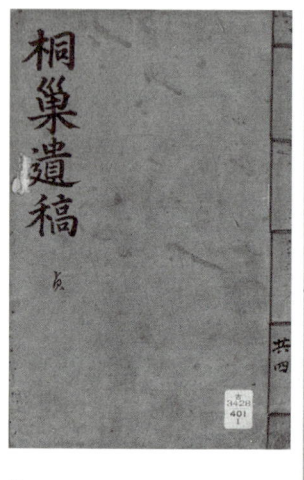

之世赤安如無伊傳諸篤成然而名耕於華野者非
聘幣之禮則不可致也版築之偉巖者非物色之求
則不可來也把鑛於華廬者非三顧之誠不可屈來
也抜人岩不惡其賢才而患其無勇粗之禮耳愚來
知今日華野之聞蛛叢之中其真無秉來石耕操抹
而集長費石玲渠百者早顧競事入告于上盡其誠
禮石招徠之也謀射

張夫人遺事

夫人族軒轅先生之女孫也嫁于安氏卒于其女子
柳氏家壽九十八時 上之十五年己未也先是夫

● 

장씨 부인의 이야기
〈장부인유사〉가 수록된
남하정의 《동소유고》.
남하정의 《동소만록》에도
장씨 부인 이야기가
수록되어 있다.
* 출처: 한국학중앙연구원,
국립중앙도서관 소장.

녀는 어찌할 바를 몰라하며 뒤따라온 손자를 끝끝내 거절한 채 딸의 집에서 닷새 만에 숨을 거두었다.

"우리 집안은 조상 대대로 남인 집안이다."

도대체 남인이면 어떻고 노론이면 어떤가. 손자와 의절하고 죽을 때까지도 마음을 돌리지 않았던 장 부인의 결단이 선뜻 이해되지 않는 독자들도 있을 것이다. 붕당 정체성에 기반한 가문의식과 손자에 대한 인간적인 애정. 둘이 충돌할 때 단호히 전자를 택했던 장씨 부인. 가히 피보다 진한 신념이라고 평할 법하다.

어떤 연유로 그녀의 신념은 피보다 진해졌을까? 장 부인의 의절은 순간적인 분노에 따른 것이 아니었다. 어려서부터 청년, 중년에 이르기까지 그녀가 겪었던 경험들을 되짚어 보면, 고개를 갸우뚱하던 독자들도 노년기 장 부인의 선택을 이해할 수 있으리라.


• 1650년(효종 1) 9세

똑똑한 친손녀를 누구보다도 예뻐하시는 할아버지 장응일張應一(1599~1676). 한양에 벼슬하러 가셨던 할아버지가 어느 날 몰라보게 수척해진 모습으로 돌아오셨다. 어른들 대화를 엿

들어 보니, 할아버지가 붕당의 폐단을 염려하여 주상 전하께 서인 김상헌을 비판하는 상소를 올리셨다가 조정의 비난을 한몸에 받고 결국 벼슬에서 물러나셨다고 한다. 집안 어른들은 서인들이 할아버지의 직언을 간사한 말로 폄훼하며 주상 전하의 눈과 귀를 막아 버렸다고 분통을 터뜨렸다. 그러면서도 할아버지가 유배형에 처해지지 않은 것이 천만다행이라고 하였다. 서인이 뭔지는 모르겠지만 우리 할아버지가 위험을 무릅쓰고 주상 전하께 직언을 하신 것이 참으로 자랑스럽다.

• 1659년(효종 10, 현종 즉위) 18세

얼마 전 주상 전하께서 돌아가셔서 상복 문제를 둘러싼 논쟁이 치열해졌다고 한다. 처음엔 그저 아녀자와는 무관한 한양 소식이라고만 생각했는데, 남편 안중현의 외출이 잦아지더니 어느 날 서인 송시열宋時烈(1607~1689)을 비판하는 집단 상소에 참여하였다고 했다. 실무자 역할인 소색疏色을 맡았다고 하는데, 자칫하면 크게 처벌받을 수도 있는 자리라고 한다. 문득 어릴 적 할아버지 일이 생각나는 것은 왜일까. 걱정스럽기 그지없다. 허나 남편 이야기를 듣고 보니 천만 번 옳은 일이다.

• 1680년(숙종 6) 39세

외가에 큰 횡액이 닥쳤다. 이조판서로 계시면서 사람들의 존경을 한몸에 받던 외삼촌 이원정李元禎(1622~1680) 어른이 억울하게 무고를 당하여 유배길에 오르셨다. 그것도 모자라 다시 한양으로 불려 가서 죽도록 곤장을 맞고 끔찍한 고문을 받다가 끝끝내 돌아가시고야 말았다. 서인들이 죽인 것이나 다름없다. 대감댁으로 칭송되며 번성하던 집안도 하루아침에 폐족이 되고 말았으니 어찌할 것인가. 원통하도다. 원통하도다. 실의에 빠진 어머니의 건강도 너무나 염려된다.

장씨 부인의 친정인 옥산 장씨 집안, 시가인 순흥 안씨 집안, 외가인 광주 이씨 집안 모두 당색으로는 남인이었다. 장씨 부인은 어려서부터 중년에 이르기까지 친정과 시가, 외가의 남성들이 정치활동을 하다가 크고 작은 고초를 겪는 것을 지근거리에서 보아 왔다. 여성이라고 그저 곁에서 지켜보기만 한 것은 아니었다. 장씨 부인은 다른 명문가 여성들과 마찬가지로 같은 집안이라는 운명공동체의 일원으로서 풍파를 함께 겪어 내야 했다. 이러한 맥락을 고려한다면 장씨 부인의 아들과 손자가 남인에서 노론으로 전향한 것은 단순한 정치적 신념의 수정을 넘어서는 행위였다. 그것은 조상 대대로 지켜 왔던 가치를 부정하는 일, 즉 불효와도 직결된 문제였다.

게다가 당색을 바꾸면서 인근의 남인 인사들과 대립하게 된 것은 향후 지역 사회의 외면과 압박을 일상적으로 경험해야 한다는 의미였다. 당장 후손의 혼사는 어찌할 것인가. 어떤 남인 명문가가 노론으로 변절하여 집이 부서질 뻔했다고 소문난 집안과 혼인을 약속하겠는가. 무형의 것이지만 그간 어렵사리 지키며 쌓아 왔던 가격家格 실추의 대가는 만만치 않은 것이었다.

이처럼 값비싼 계산서를 지불해야 했음에도, 장씨 부인의 아들 안연석을 시작으로 안연석의 형제와 아들들, 조카들은 노론이 되었다. 장씨 부인이 고향 집에 돌아온 손자를 피해 다른 아들네 집으로 가지 않고 군이 딸네 집으로 향했던 것은 다른 아들들과 손자들도 함께 노론으로 변모해 버렸기 때문이다. 노론으로의 전향은 한두 명의 예외 사례가 아니었다. 당시 순흥 안씨 집안은 조상을 거스르는 부담과 지역 사회의 눈총을 감수하고 가문 차원에서 변화를 선택했다고 이야기할 수 있을 것이다. 그것이 서인-노론의 의리에 감화된 결과였든지, 정계 진출과 영달을 위한 전략적 선택이었든지

간에 말이다.

그러므로 장씨 부인의 행위는 가문의 전통을 지키려는 노력이었으되 많은 순흥 안씨 남성들이 선택한, 그리고 앞으로도 순흥 안씨가 고수하게 될 가문의 새로운 방향성을 그대로 따르지 않은 외로운 결단이었다. 장씨 부인이 여러 자손과 맺고 있던 혈연이라는 사회적 관계에 종속되지 않은, 주체적이고 전략적인 판단에 의한 전통의 고수였다.

장 부인이 죽은 뒤에도 순흥 안씨는 19세기까지 노론으로 활동했다. 그렇다고 태산같이 꼿꼿했던 그녀의 마지막이 무의미했던 것은 결코 아니다. 비록 장씨 부인이 순흥 안씨의 남인 정체성을 지켜 내지는 못했지만 그녀가 지역 사회에서 구사한 미시 정치의 성과는 작지 않았다. 장씨 부인은 당장 집을 물리적으로 지켜 냈으며, 그녀의 위의威儀 있는 행동이 사람들에게 회자되면서 순흥 안씨들의 전향과는 별개로 감히 누구도 그 집을 건드리지 못하게 되었다. 이뿐만이 아니었다. 장씨 부인의 이야기는 남인 사회에서 커다란 환영을 받으며 전국으로 퍼져 나갔다. '군자君子'와 '현모賢母', 그녀에게 내려진 역사적 평가였다.

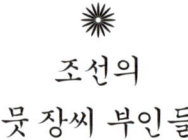

# 조선의
# 뭇 장씨 부인들

장씨 부인이 보여 준 결기는 확실히 수백 년을 글로 남을 만큼 매력적이다. 그렇다고 장씨 부인과 같은 사례가 조선에서 유일무이했던 것은 아니다. 모두가 장씨 부인 같지는 않았으나 때때로 장씨 부인과 같은 여성들이 있었다. 두 사례만 소개한다.

• 1722년(경종 2)의 임인옥사 때 숙부와
  절연한 상산 김씨(1689~?)
  임인옥사는 경종에 대한 역모를 주장하며 소론이 노론
  을 공격, 노론 관료와 그 일가족이 죽거나 유배를 갔던 일대 사건이다. 상산 김씨는 임인옥사로 시아버지인 좌의정 이건명李健命(1663~1722)을 비롯한 시가 식구들을 잃었다. 그런데 문제는 김씨의 시가는 노론이었으나 친정은 소론이었다는 사실이다. 서인에서 분파한 노론과 소론은 정쟁이 격화된 이후로는 잘 통혼하지 않았지만 분파 초기만 하더라도 서인이라는 뿌리를 같이하던 세력이었기에 서로 통혼을 했었다.

상산 김씨는 어릴 적 아버지를 여의었다. 소론인 숙부 김연金演(1655~1725)이 김씨를 딸처럼 길렀다. 노론-소론의 갈등이 걷잡을 수 없이 격화됨에 따라 김연은 사돈이나 다름없는 노론 이건명에 대한 탄핵에 가담하게 되었다. 이 사실을 알게 된 김씨는 숙부 김연에 대한 은혜와 사랑을 버리겠다고 결심하고 일절 왕래를 끊었다. 이후 김연이 사과의 편지를 보내 왔으나, 김씨는 편지를 가져온 심부름꾼을 때려서 대문 밖으로 내쫓고 끝끝내 들이지 않았다고 한다.

─유숙기俞肅基(1696~1752), 《겸산집兼山集》, 〈김유인전金孺人傳〉

• 1728년(영조 4) 무신란에 가담한 사위 신천영申天永을
 죽이려 한 장모 한산 이씨

무신란 와중, 신천영이 역모에 가담한 공으로 병마절도
사가 되어 처가를 찾는다는 소식이 전해졌다. 장모인
한산 이씨는 냉담했으나 아들은 매부 신천영을 정성껏
맞이할 준비를 했다. 이를 본 한산 이씨는 대노하여 "역
적의 창궐이 이에 이르렀는데, 너는 통탄할 줄도 모르
고 어찌 차마 그놈을 맞이하려 드느냐. 역적을 매부라
고 부르고 그놈이 오는 걸 반긴다면 네놈도 역적이다!"
일갈하고 빨래방망이로 장성한 아들을 마구 때렸다.

이윽고 사위 신천영이 도착하여 인사를 하러 들어오자
그녀는 "네놈은 나라의 역적이고 나는 사족 부녀이거늘
어찌 감히 인사를 하러 왔느냐. 내가 너를 죽이지 못하
면 차라리 네 손에 죽겠다"라고 소리쳤다. 그리고 즉시
미리 준비해 놓았던 칼을 들어 사위 신천영의 정수리를
향해 던졌으나 빗나가고 말았다. 신천영이 혼비백산하
여 도망치자 이씨는 분개하여 통곡하고는 며칠을 식음
전폐하였다.

─임헌회任憲晦(1811~1876),《고산집鼓山集》,〈여사한산이씨전女

　부모처럼 길러 준 숙부에 대한 효심과 사위에 대한 장모의 사랑. 이는 모두 짙은 인간적인 애정이자 귀한 가치이다. 범인이라면 이러한 상황에서 큰 갈등에 빠질 만도 하다. 그러나 상산 김씨와 한산 이씨는 장 부인과 마찬가지로 가족에 대한 의절에 조금의 주저함도 없었다. 스스로가 중시하는 가치와 인간적 애정이 정면으로 충돌할 때, 인간적 애정을 끊어 내는 쪽으로 결단했던 것이다.

　그녀들이 더 귀히 여긴 가치는 무엇이었는가? 숙부 김연과 절연한 상산 김씨의 경우 서인－노론의 정치적 입장에 대한 공감과 시가 구성원에의 헌신이 있었다. 그녀는 숙부와의 천륜을 끊고, 이씨 집안의 며느리로서 풍비박산 난 시가의 장례를 주관하고 온갖 뒷수습을 하며 집안을 지켜 냈다. 그랬기에 숙부와 절연한 지 3년 만에 상산 김씨는 전傳의 주인공이 될 수 있었다. 당시 상산 김씨는 불과 30대였으나, 그녀가 노쇠해서 죽기를 기다려 전을 쓰기에는 그녀의 '빛나는' 이야기가 사라져 버릴까 염려한 노론 인사에 의해 입전立傳되었다.

　한산 이씨의 경우 사족의 일원으로 임금과 국가를 지켜 내

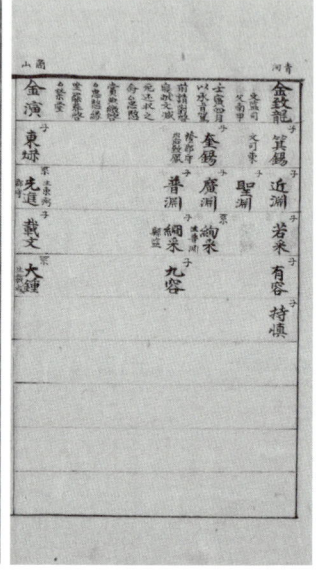

●

《이직록以直錄》에 실린 상산 김씨의 숙부 김연金演.

《이직록》은 경종조의 신임옥사 시 노론을 공격한 인물들을 당사자와 후손까지 족보 형태로 정리한 책으로 노론 측에서 제작한 것이다. 노론 입장에서 원수의 혐의에 관한 기록이라는 의미의 《수혐록讎嫌錄》으로도 불린다. 김연의 이름이 좌측 최상단에, 그 아래로는 김연의 후손 정보가 수록되어 있다.

* 출처: 서울대학교 규장각한국학연구원 소장.

고자 한, 넓은 의미에서의 군신君臣의 의리가 있었다. 여성과 군신의 의리라니, 조선에서 출사出仕가 원천적으로 차단되었던 사족 여성이 과연 군신 관계를 말할 수 있었을까? 의문을 지닐 법하다. 한산 이씨와 동시대를 살았던 또 다른 사족 여성 창녕 성씨는 "군부君父에 대하여 신자臣子가 지닌 막중한 분수와 의리에는 남녀의 차이가 없다"라고 입버릇처럼 말했다고 한다(이의현李宜顯(1669~1745), 《도곡집陶谷集》, 〈숙인창녕성씨행장淑人昌寧成氏行狀〉). 이처럼 사족 여성들은 비록 관료가 되어 벼슬길에 나갈 수는 없었지만 임금에 대한 의리만은 남성 못지않았다.

물론 반란의 상황에서 한산 이씨가 사위 신천영을 단호히 끊어 냄으로써 얻은 실제적인 이익 역시 적지 않았다. 당시 법적으로 처가는 역모 시 연좌 대상에서 제외되었으나, 만약 이씨의 아들처럼 역적을 적극적으로 반겨 맞이하려 했다면 얼마든지 역모에 동조했다는 혐의를 뒤집어쓸 수도 있는 노릇이었다. 한산 이씨의 결기 있는 행위로 역모의 불똥이 집안에 번지는 것을 미연에 방지한 셈이다.

이러한 '장씨 부인들'의 존재는 사회 구성원으로서의 정치의식을 지닌, 조선 여성의 다채로운 면모를 생생하게 보여 준다. 흔히 조선의 이상적인 여성상은 현숙하고 자애로운 모습으로 그려진다. 그런데 앞서 살펴본 장씨 부인, 상산 김씨, 한산 이씨, 이 세 여인의 모습은 우리가 생각하는 사족 여성의 전형을 다소간 비껴나 있다. 장씨 부인은 자살 협박, 상산 김씨는 문전박대와 폭행, 한산 이씨는 살해 시도라는 파격적 수단을 기꺼이 택하고 있기 때문이다. 조선의 뭇 '장씨 부인들'이 의절이라는 극적 상황에서 일탈적이거나 폭력적인 모습을 통해 정치의식을 지닌 '이상적 여성상'을 새롭게, 성공적으로 구현해 내고 있는 지점은 흥미롭다. 가문, 지역, 국가와 연계된 당대적 보편가치, 그것이 조선의 '장씨 부인들'이 전형을 탈피하고 혈연을 끊어 내면서까지 지켜 내고자 한 것이었다.

# 경신환국·신임옥사·무신란

## • 경신환국

경신환국庚申換局은 1680년(숙종 6), 정권이 남인에서 서인으로 바뀐 일대 사건이다. 이 사건은 일반적으로 사건이 일어난 해의 간지인 경신庚申에 급격한 정국 변동을 의미하는 환국換局을 붙여 부르지만, 남인의 실각과 서인의 기용에 초점을 맞춘 조어인 경신대출척庚申大黜陟이나 사림이 화를 입었다는 의미의 경신사화庚申士禍 등으로 부르기도 한다.

숙종 초의 남인 정권은 북벌을 명분으로 도체찰사부都體察使府를 복설하고 군권을 장악하여 영향력을 확대해 갔고, 숙종은 남인을 견제하고자 군권의 일부를 서인에게 넘기는 인사를 단행하였다. 이후 서인이자 외척인 김석주金錫胄의 기획으로 남인의 영수 허적許積의 서자 허견許堅이 복창군福昌君·복선군福善君·복평군福平君 등과 역모를 도모였다는 고변이 발생하였다. 그 여파로 허적, 윤휴尹鑴, 유혁연柳赫然, 이원정李元禎 등 당시 남인의 핵심 인물이 죽임을 당하거나 유배에 처해졌다.

• 신임옥사

신임옥사辛壬獄事는 1721년(경종 1)에 일어난 신축환국과 1722년(경종 2)에 일어난 임인옥사를 합쳐 부르는 말이다. 사림이 화를 입었다는 의미의 신임사화로도 불린다.

신축환국은 노론이 경종이 30세가 되도록 후사가 없자 동생이었던 연잉군延礽君(훗날의 영조)을 세제로 책봉하자고 주장하여 성공시키고, 연이어 연잉군이 경종을 대신하여 정무를 보는 대리청정에도 찬성했다가 소론의 역풍을 맞고 실각한 사건이다. 이듬해 임인년의 임인옥사는 노론이 연잉군을 즉위시키고자 경종을 시해하려 하였다는 목호룡睦虎龍의 고변을 계기로 김창집金昌集, 이이명李頤命, 이건명李健命, 조태

채趙泰采 등 당시 노론의 핵심 인물이 죽임을 당하거나 유배에 처해진 사건이다. 신임옥사로 소론은 정권을 잡게 되었지만, 영조 연간에 들어 신임옥사가 무고로 판정되고 사망한 노론 관료들의 충심이 강조되면서 신임옥사는 18~19세기 노론이 지속적으로 정권을 재창출할 수 있는 배경이 되었다.

• 무신란

1728년(영조 4)에 일어난 반란으로 주동자의 이름을 붙여 이인좌李麟佐의 난, 정희량鄭希良의 난이라고도 불린다. 무신란戊申亂은 영조가 왕위를 노려 경종을 독살했다는 소문이 퍼지자 정권에서 소외된 일부 남인 및 소론 과격파가 주축이 되어 일으킨 사건으로, 반란 세력은 영조를 제거하고 밀풍군密豊君 탄坦을 추대하고자 하였다. 이인좌의 청주성 점령을 시작으로 충청도와 경상도, 전라도, 경기도의 각지에서 호응하며 거병했으나 결국 관군의 진압으로 소탕되었다. 영조는 난의 진압을 소론에게 맡겼으나 이 사건을 계기로 정계에서 노론의 입지가 강화되고 소론의 입지가 약화될 수밖에 없었고, 영남을 비롯한 반란 세력의 근거지는 반역향이라는 낙인과 불이익을 받았다. 무신란으로 전국적인 반란이라는 초유의 사태를 경험한 영조는 이후 본격적인 탕평책을 펴게 되었다.

## 참고문헌

- 이숙인, 《유교와 여성, 근대를 만나다》, 모시는 사람들, 2024.
- 이종문, 《구미 여헌 장현광 종가》, 예문서원, 2011.
- 김형수, 〈1738년(영조 14년) 安東 鶴東서원의 置廢와 지방관의 역할: 《法城日記》를 중심으로〉, 《영남학》 17, 2010.
- 윤민경, 〈18~19세기 붕당의식의 사회문화적 재생산과 확산〉, 서울대학교 국사학과 박사학위 논문, 2023.
- 정진영, 〈18세기 영남 노론의 존재 형태: 영조 14년(1738) 안동 김상헌 서원 건립과 훼파를 통해 본 '새로운 세력'에 대한 검토〉, 《한국사연구》 171, 2015.
- 정진영, 〈18세기 서원 건립을 둘러싼 향촌 사회의 갈등 관계: 영조 14년(1738) 안동 김상헌 서원 건립문제를 중심으로〉, 《조선시대사학보》 72, 2015.
- 황수연, 〈사화의 극복, 여성의 숨은 힘〉, 《한국고전여성문학연구》 22, 2011.

# 여자,
# 복수하다

.

순종과 정절. 조선 여성 하면 자연스럽게 떠오르는 단어들이다. 유교 국가 조선은 부계 중심 체제를 정비해 나갔다. 유교 사회에서 여성은 '여필종부女必從夫', '칠거지악七去之惡' 같은 가부장제의 규범과 속박을 벗어날 수 없는 존재였다. 인간이라는 존재가 대개 그렇듯 당대 많은 여성들 역시 현실의 굴레를 크게 벗어날 수도 없었고 벗어나려 하지도 않았다.

하지만 그것이 전부였을까? 그 시절을 살았던 모든 여성이 그저 국가와 사회에서 요구받은 모양대로 충실하게 스스로의 모습을 빚어 가고 있었을까? 어떤 면에서는 현실이 규정한 그대로 살아 내야 했겠지만 또 어떤 면에서는 아무리 강요받더라도 결코 양보할 수 없는 것도 있었다. 바로 한 '인간'으로서, 한 사회의 '보편 인간'으로서, 당당하게 서고자하는 욕구였다. 시대가 여성을 부차적·수동적 존재로 밀쳐

두고 외면하려 했을지라도 여성이 남성과 다를 것 없는 동일한 인간임은 당연하고도 엄연한 사실이었다. 여성은 어느 시대 어느 상황에서도 자기 존재를 입증하려 끊임없이 투쟁했다. 때로는 사회가 규정하는 테두리 안에서, 때로는 그 테두리를 넘어서서, 여성들은 자기 영역을 확보하고, 지켜 내고, 조금씩 더 확장해 나아갔다.

그녀들의 목소리는 19세기 말 20세기 초 형사 사건의 재판 기록 《사법품보司法稟報》에 생생하게 기록되어 있다. 여성은 범죄의 주체가 되기도 쉽지 않았던 시대, 어떤 여성들은 복수 범죄의 정범이 되어 자기 존재를 치열하게 외치고 증명하고자 했다. 이제 그녀들의 사건 기록을 통해 우리가 '유교 여성'이라고만 치부했던, 그때 그 시절의 여성들이 쟁취하고 싶어 했던 자신의 모습과 위상에 한 발짝 다가가 본다.

# ✳
## 절굿공이:
## 어머니의 원수를 쳐 죽이다

## 전 남편을 죽였다

전 남편이 쓰러졌다. 저항은 생각보다 격렬하지 않았다. 늘 그랬듯 술에 찌들어 있던 몸이라 힘이 잘 들어가지 않았겠지. 결혼생활 내내 무엇 하나 제대로 할 줄 아는 게 없던 위인이었다. 그래서 더 약한 여자인 내가 힘으로 대적할 엄두가 나기도 했다. 마침 언니도 함께 있었으니까. 일이 생각보다 쉽게 흘러가서 별로 어렵지도 않게 그 인간을 끝장내 버렸다. 불구대천의 원수를 갚은 시원한 이 심정을 무엇과 바꿀 수 있을까.

불쌍한 어머니. 그 모진 인간에게 잡혀갔다가 겨우 풀려 나
온 뒤 충격과 공포에 질려 벌벌 떠셨다. 그러다가 그만 끝내
버텨 내지를 못하고 숨을 거두셨다. 어머니는 눈을 감으시
기 직전 힘겹게 되뇌셨다. 억울하고 원통하다고. 이 원수를
어찌 갚겠냐고.

사람이라면, 내가 사람이라면, 부모를 죽인 원수와 같은 하늘
을 이고 살 수 없다. 그건 결코 사람의 떳떳한 도리가 아니다.
그 인간을 내 손으로 죽이겠다고 하늘에 맹세했다. 그 인간과
함께 살았던 옛날 집으로 향했다. 언니도 따라나섰다. 다행히
그는 거기에 그냥 있었다. 마당으로 들어가니 마침 손에 익은
절굿공이가 눈에 띄었다. 항상 쓸모 있던 절굿공이가 또 한
번 나를 돕겠구나. 망설임 없이 절굿공이를 들어 그에게 달려
들었다. 전 남편은 내가 휘두른 절굿공이에 맞고 맥없이 쓰러
졌다. 그렇게 나는 원수를 죽였다.

## 그가 어머니를 죽였다!

정말이지 지긋지긋한 결혼생활이었다. 전 남편은 아무것도

책임지지 않았다. 끼니를 거를 만큼 생활이 어려워도 자기랑 상관없다는 태도였다. 모든 생활은 내가 알아서 해야 했다. 밥도, 빨래도, 바느질도, 양식을 구해 오는 것도 다 내 몫이었다. 성질이라도 좋아서 정답기라도 했으면 또 어떻게 참아 볼 수 있었겠지. 매일 술에 절어서 널브러져 있는 주제에 사사건건 시비나 거는 인간을 참아 주던 생활도 한계에 다다랐다. 이 지옥에서 탈출할 결심이 섰다.

새로 살림을 차린 남자는 그럭저럭 괜찮은 사람이었다. 전 남편보다 못나기도 힘들기는 하다. 그래서 탈출했으니까. 처음으로 소소한 결혼의 일상을 새 남편과 함께 보내고 있던 나날이었다. 갑자기 친정에서 큰일 났다고 빨리 와 봐야겠다는 연락이 왔다. 무슨 일인가 싶어 걱정되는 마음에 집으로 달려갔는데 상황은 생각보다 심각했다. 방 안에는 새하얗게 질려 아무 기력 없이 누워 계시는 어머니가 보였다. 도대체 무슨 일이냐고 했더니 그 인간 짓이란다.

처음 내가 집을 나왔을 때 그는 담담히 받아들이는 듯했다. 설마 제까짓 게 도망칠 수 있겠나, 곧 돌아오겠지라고 생각했을지도 모른다. 그런데 내가 새로운 사람과 살림을 차렸다는 말이 그의 귀에 들어가자 정신줄을 놓고 발악을 시작했다. 못난 인간이 나한테 직접 와서 대거리할 용기는 안 났는지 친정 어머니에게 행패를 부렸다. 어머니를 끌고 가서 묶어 두고 날이 새도록 윽박지르며 괴롭혔다. 다 어머니 때문이라고, 어머니가 딸을 꼬드겼다고 억지를 부렸다. 견디다 못한 어머니는 그놈에게 열흘만 말미를 달라고 빌고 또 비셨다. 풀어 주면 집에 가서 나를 설득해 보겠다고 말이다. 그렇게 겨우 풀려나셨다. 집에 돌아오기는 했어도 하루하루가 지나가고 약속한 열흘이 다가올수록 어머니는 불안하고 초조해 빠짝빠짝 말라 가셨다. 그러다가 아흐레째 되는 날 어머니의 실낱같이 가냘픈 목숨이 끊어졌다. 그놈이 어머니를 죽였다.

1897년 전라북도 전주군의 한 마을에서 일어난 살인 사건이다. 사건의 전개를 정리해 보면 이러하다. 어떤 이유인지는 정확히 알 수 없으나 송씨 여인은 더 이상 남편과 살 수 없다는 판단 아래 남편을 떠나 재혼했다. 이 시기 남편을 떠나 친정으로 돌아간 다른 여성들처럼 송씨도 남편이 가정을 돌보지 않았거나 건사할 능력이 없었기 때문에 남편을 버렸을 가능성이 크다.

송씨의 남편, 아니 이제 전 남편이 된 김덕삼은 자기 아내가 자신을 버리고 딴 남자를 선택한 것을 받아들이지 못했다. 평소의 못난 모습 그대로 그는 아내에게 직접 항의하지는 못하면서 애꿎은 아내의 어머니에게 행패를 부렸다. 송씨의 어머니 조씨를 납치해 새끼줄로 묶어 방에 밤새도록 가두고 딸을 데리고 오라며 위협한 것이다. 협박에 못 이긴 조씨는 열흘만 말미를 주면 딸을 돌려보내겠다고 약속하고 겨우 풀려났다. 하지만 육순의 친정어머니 조씨는 겁에 질린 채 시름시름 앓다가 약속한 열흘이 되기 전인 아흐레 만에 숨졌다.

어머니의 황망한 죽음 앞에서 송씨 여인은 복수를 맹세했다. 아마도 죽기 전에 어머니가 원수를 갚아 달라고 당부도 했던 모양이다. 사건 기록상에는 "어머니가 죽으면서 남긴 부탁이 굳건했다"라고만 적혀 있다. 어머니의 부탁이 아니라도 송씨는 인간의 타고난 도리상 부모의 원수와는 같은 하늘을 이고 살 수 없다고 다짐했다. 그녀는 친언니와 함께 전남편을 찾아가 절굿공이로 때려죽임으로써 부모의 원수를 자신의 손으로 직접 처단했다.

이 사건이 일어난 시점은 유교 국가 조선의 끝자락인 1897년이었다. 일부종사와 정절의 규범이 아직 여성을 강하게 옭아매고 있던 시대, 아내는 평생 한 명의 지아비만 섬기고 순종함이 마땅했다. 그런데 남편을 때려죽이다니! 그것도 일부종사는 아랑곳하지 않고 다른 남자한테 도망친 여자가 말이다. 도대체 이게 무슨 일인가?

그런데 이상한 일이다. 송씨는 자신의 남편 살인행위가 잘 못이라는 생각이 전혀 없었던 듯하다. 남편을 남모르게 처치 할 생각이 아예 없었기 때문이다. 송씨 자매가 몰래 범행할 생각이 없었음은 사건 목격자가 여러 명인 것에서 알 수 있다. 김경서, 유화서, 심치숙, 임양여. 살인 장소에서 두 눈으로 사건을 목격한 사람들이다. 모두 성이 다를 뿐 아니라 이름에도 돌림자 같은 공통점이 없다. 기록상에도 사건 당사자들과 별다른 관계가 나타나지 않는 것으로 보아 그냥 김덕삼의 집 이웃에 사는 사람들이었을 가능성이 크다. 이들은 사건 현장에서 두 눈으로 살인 장면을 목격했으면서도 송씨 자매를 말리지 않고 방관했다. 고작 젊은 여인 둘이 절굿공이를 휘두른다고 남자 여럿이 무서워서 다가서지 못했을 리 없다. 그들은 정말 구경만 했다. 관중 앞에서 벌어진 전 남편 살해 사건! 그녀의 당당함에는 이유가 있지 않을까?

## '이조여인', 잔혹한 역사

우리가 흔히 생각하는 조선 여성은 가부장제의 억압적 사회
구조 아래 고통받는 연약한 피해자다. 실제로 조선 집권층은
부계 중심의 가족질서가 구현된 유교 국가 조선을 만들고자
했다. 그런 조선에서 여성이 복종과 희생을 강요당했던 것은
어찌 보면 당연하다.

수많은 형사 사건에서 여성은 피해자였다. 여성들은 정절
이라는 족쇄에 묶여 고통받았다. 강간을 당하거나 단지 미수
에만 그쳤어도 자결해야 했다. 어떤 며느리는 시어머니에게
순종하지 않았다는 이유로 남편에게 쫓겨나 스스로 목을 맸
다. 어떤 아내는 남편의 이별 통보에 소금물을 마시고 자살
했다. 남편의 폭행을 견디다 못한 아내가 자살해도 조선의
법은 남편에게 죄를 묻지 않았다.

여성이 피해자인 강간 사건의 경우 범인에게 교형이나 무
기징역의 무거운 단죄가 내려지기도 했다. 현대 한국의 형벌
보다 중하게 다스리고 있으니 얼핏 보면 여성 입장에서는 조
선의 법이 더 나아 보이기도 한다. 하지만 이는 여성의 정절
을 훼손하는 범죄를 국가 차원에서 통제한 것이었다. 그러니

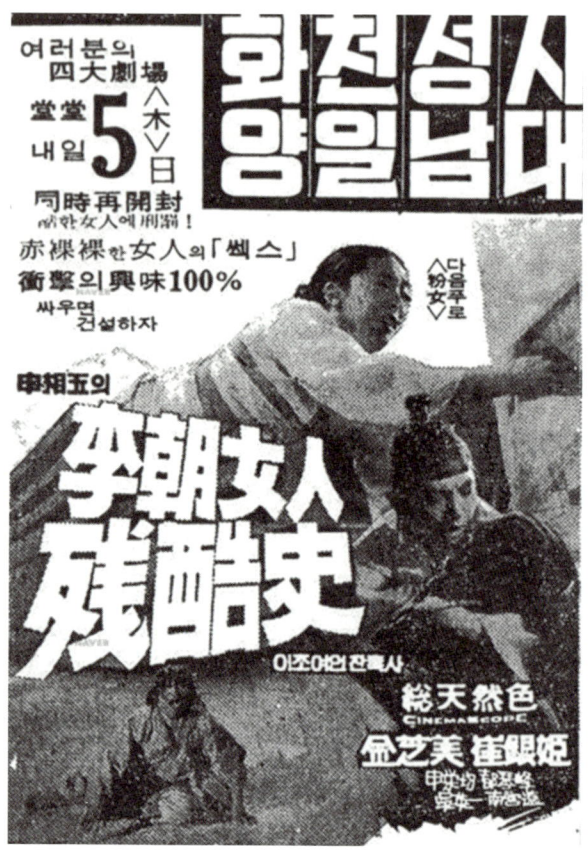

〈이조여인 잔혹사〉 영화 포스터.

1969년 개봉한 신상옥 감독의 영화이다. 여필종부, 칠거지악, 궁중비색 등
여러 편의 이야기가 옴니버스 형식으로 구성되어 있다. 이 영화에는
열녀로 칭송받던 과부가 자신의 삶에서 도망치려 하자
과부의 친아버지가 딸을 죽인 후 남편을 따라 자결한 것처럼 꾸민 사건과 같이
조선시대 여성들이 악습에 얽매어 희생당한 모습들이 표현되었다.

\* 출처: 한국영상자료원(http://kmdb.or.kr).

피해 여성 존중보다는 가부장제 사회질서가 도전받는 데 대한 응징으로 봐야 한다. 부계 중심의 가족질서를 옹호했던 조선의 사회공동체에서 여성이 정신적·육체적 폭력의 희생양이었던 것은 분명하다. 조선의 많은 여성은 국가로부터 부여받은 정절과 순종의 가시밭길을 걸으며 비극적 희생을 감내해야 했다. 갖가지 사건 속에 나타나는 수많은 여성이 조선의 가부장적 사회 구조에 갇혀 신음하고 있었다. 오죽하면 〈이조여인 잔혹사〉라는 영화까지 나왔을까.

## 발칙하고 창의적인, 복수의 주인공 송씨 여인

하지만 조선 여성의 선택지가 비극을 감내하는 익숙한 그 길밖에 없었던 건 아니었다. 어느 시대에나 발칙한 상상을 행동에 옮기는 도발적인 사람들이 존재한다. 그 놀라운 선택의 주인공이 바로 송씨 여인이었다.

송씨의 통렬한 복수 스토리는 여러 가지로 조선 여성에 대한 우리의 상상을 넘어선다. 우선 그녀는 조선시대 기혼 여성이 남편에게 종속되어 있었을 것이라는 흔한 가정을 가볍게 뛰어넘는다. 결혼한 남편이 있음에도 불구하고 송씨는 어렵지 않게 가정을 버리고 남편을 떠났다. 일부종사의 사회 규범은 그녀에게 별다른 힘을 발휘하지 못했다. 송씨는 현실적 필요에 따라 남편을 선택했다.

송씨가 우리의 흔한 상상을 뛰어넘는 점은 하나 더 있다. 과격한 복수행위를 직접 수행했다는 점이다. 송씨가 어머니의 원수를 직접 때려죽인 행위는 수동과 희생으로 점철된 조선 여성의 연약한 이미지와는 매우 동떨어진 것이다. 송씨는 여성의 몸으로 힘의 차이에서 우위를 점할 것이 분명한 남성을 상대로 주저 없이 물리적 폭력을 행사했다. 혼자 가지 않고 언니와 함께 간 것은 남녀 간 힘의 격차를 고려한 대책이었을 것이다. 하지만 송씨는 물리적 열세를 극복하기 위한 다른 간접적인 방법, 예를 들면 친척 남성에게 부탁하는 등의 방법에 의존하지 않은 채 스스로 적극적이고 직접적인 복수의 주인공이 되기를 마다하지 않았다.

## '열녀'가 아닌 '효녀'의 정체성

우리의 상상을 뛰어넘는 송씨의 모든 행위 중에서도 특히 주목되는 부분은 송씨가 남편을 위한 '열녀'가 아닌 자신의 친

부모를 향한 '효녀'의 길을 단호하게 선택했다는 점이다. 효녀와 열녀 사이에서 송씨는 효녀를 선택했다.

국가는 여성들에게 열녀의 길을 제시했다. 조선 사회가 인간의 기본으로 강조했던 최고의 가치 덕목은 유교 도덕의 '삼강', 즉 충·효·열이었다. 진정한 인간으로 인정받고 싶다면 누구나 자신이 충신·효자·열녀의 자리를 충실하게 지키고 있음을 치열하게 입증해야 했다. 남성에게 충과 효만 제시되었다면 여성에게는 '열烈'이라는 공간을 따로 만들어 놓았다. 조선 사회에서 편하게 인정받을 수 있는 명확한 길, 송씨는 그 '열'의 공간 안에 서 있을 수도 있었다. 하지만 송씨는 그러지 않았다. 기어이 밖으로 나와 남성과 '효'의 공간을 공유하고자 했다. 그것도 시부모에 대한 효가 아닌 친부모에 대한 효를 입증하면서. 관찰사는 이 사건을 이렇게 보고했다.

조씨 여인의 차녀 송씨 여인은 어머니가 돌아가실 때 남긴 유언이 이미 굳건했고, 인간의 타고난 떳떳한 성품이 있음에 원수와 같은 하늘 아래 있을 수 없다고 맹세하여, 절굿공이를 들어 곧바로 때려 기꺼운 마음으로 원수를 죽였으니, 실로 여자가 쉽게 할 수 있는 일이 아닙니다.

관찰사는 송씨가 저지른 범죄행위를 "기꺼운 마음으로 원
수를 죽인 것", "실로 여자가 쉽게 할 수 있는 일이 아닌 것"
이라고 긍정적으로 평가했다. 가해자 송씨가 피해자 김덕삼
의 아내였으며 남편을 배신했다는 사실은 고려 대상조차 되
지 못했다. 판단의 초점은 오로지 친부모의 원수를 갚은 것,
한 인간으로서 반드시 가지고 있어야 하는 심성인 '효'에 맞
춰졌다. 송씨가 받은 선고 역시 남편을 죽인 강상죄에 해당
하는 능지처사가 아니라, 부모의 원수를 죽인 복수 살인에
해당하는 장 60대였다. '효'를 수행한 표준 인간으로서 얻은
사회적 인정. 이것이 바로 송씨가 당당할 수 있었던 이유가
아니었을까?

✳

칼: 남편을 살해한
범인에 꽂다

## 피의 복수 1.
## 특별한 열부의 길, 서씨 부인의 칼날

서씨의 죽은 남편이 누워 있는 자리, 시신의 상태는 참혹했
다. 사망한 지 이미 여러 날이 흐른 망자의 몸은 딱딱하게 경
직됐고, 등에는 커다랗게 검붉은 멍 자국이 선명했다. 옆구리
살은 찢어져서 속이 드러났고 피멍이 뭉쳐 시퍼렇게 굳어 있
었다. 이곳은 서씨의 남편 최덕원의 시신이 누워 있는 복검
현장. 그녀의 남편을 죽인 자는 이연수라는 놈이었다. 죽은

최씨의 시신을 검험하는 자리에 범인 이연수도 함께 끌려 나와 조사를 받고 있었다. 서씨는 그놈을 똑바로 쳐다보면서 그 자리에 가만히 서 있었다. 사람들의 안쓰러운 눈길을 받으면서. 검험이 시작되기를 기다리면서.

그런데 갑자기 돌발 상황이 벌어졌다. 구경꾼들의 소란스러움을 정리하고 막 검험을 시작한 순간이었다. 서씨의 눈이 번뜩였다. 바로 지금이었다. 누가 말릴 새도 없이 범인에게 달려갔다. 가느다란 손으로 꼭 쥐고 품고 있던 칼을 빼서 그놈을 찔렀다.

"니 놈 때문에, 니 놈 때문에……. 죽어도 싼 놈!
죽어 마땅한 놈! 아이고, 아이고……."

범인이 쓰러지자 서씨는 바닥에 주저앉아 몸부림치면서 울부짖었다. 남편이 끝내 일어나지 못하고 세상을 뜨자마자 계속됐던 곡이었다. 방금 벌어진 믿을 수 없는 광경에 놀란 구경꾼들의 귀를 사무치는 곡소리가 휘감았다. 누구라도 서씨의 편에 서 주고 싶을 만큼 원통하고도 애절한 울음소리였다.

## 살인자가 살해당했다!
## 통쾌한 결말일까?

최덕원 살인 사건은 1897년 2월의 어느 날 전남 나주에서 일어났다. 단순한 사건이었기에 법정에서 시비를 까다롭게 따질 일은 아니었다. 가해자와 피해자가 명확했고 이연수는 최덕원을 살해한 벌을 받으면 그만이었다. 그런데 죽은 최덕원의 아내 서씨가 칼을 품고 이연수에게 다가왔다. 그리고 그 칼로 거침없이 남편의 원수를 찔러 죽였다.

서씨 여인은 '법보다 주먹이 가깝다'는 흔한 문장을 몸소 실천했다. 법이 아닌 칼을 쓰고 싶었던 그녀의 분노는 충분히 이해가 간다. 유가족 입장에서 이연수는 죽어 마땅한 인간이었다. 이연수는 참 별것도 아닌 일로 성질을 부리다 사람을 죽였다. 그것도 서른 안팎의 새파랗게 젊고 튼튼한 젊은이가 환갑의 쇠약한 노인에게 부린 패악이었다.

사건의 전말은 이러하다. 담배장수였던 최덕원은 30리 떨어진 인근 고을 장시에 장사하러 나섰다가 날이 저물어 귀가하지 못하고 그만 술에 취해 술집에서 곯아떨어졌다. 몇 시간이 지났을까. 술에서 좀 깬 최덕원은 여럿이 잠을 자는 여관 방으로 옮겨 가다가 먼저 누워 자고 있던 이연수의 다리를 밟았다. 이런 경우 잠깐 깼다 그대로 다시 잠드는 것이 보통이겠지만 이연수의 성질머리는 조금 달랐다. 불같이 화를 내며 일어나서 신발로 최덕원의 뺨을 때려 쓰러뜨렸다. 육순의 노인 최덕원은 얻어맞고 엎어졌다. 그렇지만 그대로 당하기에는 너무 억울했는지 겨우겨우 몸을 세워 이연수의 허리띠를 붙잡고는 날 죽이라고 소리를 질렀다. 노인의 손에 허리춤을 잡힌 이연수는 성질을 있는 대로 내며 최덕원의 등을 짓이겼다. 노인은 청년의 힘을 당해 내지 못하고 끝내 사망했다.

순식간에 벌어진 황당한 사건이었다. 둘은 모르는 사이였다. 어떤 원한을 가질 만한 사이가 전혀 아니었다. 최덕원이 이연수의 다리를 밟은 것은 그저 술이 덜 깨서, 아니 맨 정신이라도 있을 수 있는 실수였다. 그런데 맞아 죽었다. 아내 서씨 입장에서는 충분히 눈이 돌아갈 만한 상황이었다. 서씨는 결단을 내렸다. 그놈을 죽이기로. 어디서 죽여야 할까. 남편이 있고, 관중이 있고, 국가가 있는 곳. 복검장을 택했다. 그렇게 서씨는 가슴에 품은 칼을 빼서 원수에게 달려들었다. 그리고 모두의 앞에서 그녀는 당당히 남편의 복수에 성공했다.

이쯤에서 한 가지 궁금증이 생겨난다. 과연 서씨에게 남편은 어떤 존재였을까? 서씨는 왜 자기 손으로 범인을 죽이고 싶었을까? 둘은 서로 떨어질 수 없을 만큼 정이 좋았던 부부였을까? 서씨의 복수는 사랑하는 남편을 위한 것이었을까?

최덕원이 환갑노인이었으니 둘은 오랜 시간 함께한 부부였을 것이다. 만약 서씨가 남편과 죽음으로 갈라지기 싫을 만큼 사이가 좋았다 할지라도 불타는 사랑과 열정 때문에 누군가를 살해할 가능성은 희박하다. 그런데 서씨는 극도의 흥분 상태인 것처럼 범인을 직접 죽였다. 애초에 서씨는 그럴 필요가 없었다. 살인자는 잡혔고, 그 살인자를 처벌할 국가도 존재했다. 국가는 법의 테두리를 벗어난 서씨에게 당연히 죄를 물을 것이었다. 조선의 국법에 따르면 범인 이연수는 어차피 사형이었다. 그래도 서씨는 그를 죽여야만 했다. 왜 그랬을까?

그 답을 찾기 위해 또 다른 사건의 현장을 볼 필요가 있다. 다르지만 같은 사건, 한천금 살해 사건이다.

# 피의 복수 2.
## 바람 핀 남편도 내 남편! 정씨 부인의 칼날

두 시신이 누워 있었다. 한 명은 정씨 부인의 남편 김태평, 다른 한 명은 방금 전 김태평을 죽인 한천금이다. 처음 한천금이 김태평에게 달려들었을 때 한씨는 상상하지 못했다. 자신역시 그 자리에서 죽는다는 것을.

한천금으로서는 김태평을 죽일 이유가 충분히 있었다. 어머니의 상간남이었기 때문이다. 어머니의 부정을 알게 된 한씨는 수치심과 분노에 치를 떨었다. 어머니의 그릇된 행동으로자신 또한 고개를 들고 다니지 못할 것이었다. 수치심은 분노로 옮겨 갔다. 어머니를 농락한 그놈을 그냥 둬서는 안 되겠다. 그놈의 집에 찾아갔다. 마침 그가 보였다. 겨우 참고 있던분노가 폭발했다. 그의 멱살을 잡고 흔들었다. 극도의 흥분상태에서 주먹다짐이 오갔다. 정신을 차려 보니 그가 죽어 있었다. 이제 끝났다. 아니, 끝난 줄 알았다.

어떤 여자가 그에게 달려든 것은 바로 그때였다. 김태평의 아내 정씨였다. 남편을 때리는 한씨를 말리려 했지만 소용이 없었다. 결국 남편은 맥없이 쓰러졌다. 힘으로는 저 원수를 도저히 어찌할 수가 없었다. 칼을 가져왔다. 옆에 있던 시누이에게 저놈을 잡고 있으라고 소리쳤다. 정씨는 칼을 겨누고 그에게 달려들었다. 한천금이 쓰러졌다. 남편을 죽인 원수가 정씨 눈앞에서 죽었다. 이제 정말로 끝이 났다.

## 무당과 대장장이의 간통이 부른 파국

최덕원 살인 사건이 일어나기 한 달 전, 평안북도 의주에서는 또 다른 부인이 남편을 살해한 범인을 직접 처단한 사건이 발생했다. 이번에는 복수가 조금 더 빨라졌다. 남편 김태평이 죽은 그 현장에서 정씨 여인은 남편을 죽인 바로 그놈, 한천금을 죽였다. 이번에도 칼이었다. 정씨는 범인이 남편을 살해한 현장에 함께 있었다. 아마 정씨의 자택이었을 가능성이 크다. 범죄 현장을 목격하자마자 정씨가 칼을 꺼내 들 수 있었고, 가족인 시누이도 함께 있었기 때문이다. 정확한 장소야 어찌 됐든 가족과 무기가 있는 공간에서 김태평이 살해당했다. 남편이 살해되는 장면을 두 눈으로 목격한 정씨는 어떤 생각도 할 겨를이 없이 칼을 꺼내 범인을 향해 돌진했다. 정씨가 달려들 때 시누이 김씨도 새언니

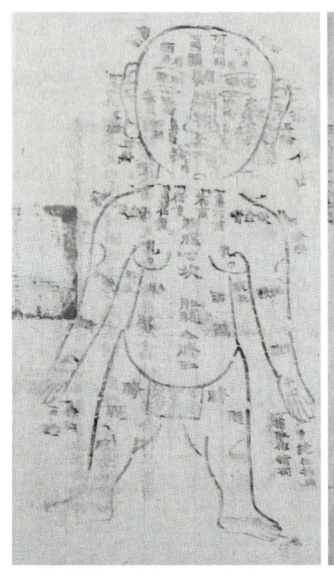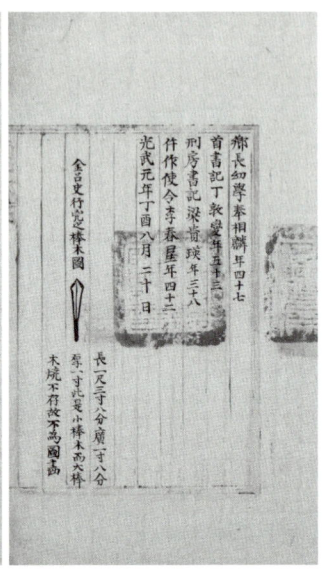

◑
검안에 수록된 검시 소견서 시장屍帳.
《南平郡金馬山面本村致死男人洪道三盧俊五屍身初檢案》(奎21631)
1897년 전라남도 남평군에서 발생한 살인 사건의 검안에 그려진 시신과
무기다. 조선시대에는 살인 사건이 발생하면 사건조사 보고서 검안檢案이
작성되었다. 검안에는 사망자를 검시한 법의학 소견서 시장屍帳이
함께 수록되기도 했는데, 시신의 상태+를 상세히 기록하고
때로는 그림에 보이는 몽둥이처럼 범행에 이용된
무기의 모양이 그려지기도 했다.
* 출처: 서울대학교 규장각한국학연구원 소장.

를 도왔다. 오빠가 죽고 새언니가 달려드니 동생으로서는 당연한 행동이었을 것이다. 하지만 어디까지나 복수극의 주인공은 피해자의 부인이자 새언니 정씨였다.

김태평과 상간녀, 김씨의 부인 정씨, 상간녀의 아들 한천금, 얽히고설킨 관계의 주인공들이다. 대장장이 김씨는 이름을 알 수 없는 어느 무당과 바람을 피웠다. 김씨의 부인 정씨가 이들의 관계를 이미 눈치채고 있었는지는 알 수 없다. 바람을 한 번만 피는 사람은 없다는 말도 있듯 대개 바람둥이라면 여러 차례 전비前非가 있었을 확률이 높다. 정씨에게 남편의 바람은 별다르게 놀랄 일이 아니었을지도 모른다. 그렇지만 소스라치게 충격을 받은 사람은 따로 있었다. 바로 상간녀의 장성한 아들 한천금이다. 아들은 어머니의 간통 사실을 알고 수치스럽고 분한 나머지 상간남을 공격해 죽였다.

한씨가 어머니의 간통 현장을 직접 목격한 것은 아니었다. 조선의 법률은 간통 현장을 발각했다면 죽여도 죄가 되지 않았다. 그런데 한씨는 현장을 잡은 것이 아니기 때문에 자신이 아무리 분하고 국가에서 죽여 마땅한 죄라고 규정했더라도 직접 죽여서는 안 됐다. 그럴 경우, 본인도 사형죄로 다스

려질 것이었다. 아들이 어머니의 간통 사실을 어떤 경로로 알게 됐는지는 상상에 맡기더라도 아들이 그 사실을 결코 받아들이지 못했음은 확실하다. 아들은 분을 이기지 못하고 어머니의 상간남을 찾아갔다. 상간남 김태평은 그렇게 상간녀의 아들 한천금의 손에 죽었다.

그런데 살인 사건은 아직 마무리되지 않았다. 김태평의 아내가 그 자리에 있었기 때문이다. 정씨 부인은 남편이 살해당하는 모습을 똑똑히 목격했다. 바람 핀 남편을 죽여 버리고 싶은 마음이 드는 것은 그녀였을 테지만 그보다 먼저 상간녀의 아들이 덮쳤다. 남편이 쓰러졌다. 이것저것 생각할 겨를이 없었다. 옆에 있는 시누이에게 범인을 잡고 있으라고 소리쳤다. 시누이는 안간힘을 쓰며 범인을 놓치지 않으려 애썼다. 번개처럼 부엌에 들어가 흉기를 들고 나왔다. 그녀의 눈에 바로 보인 것은 칼이었다. 정씨는 칼을 꼭 쥐고 범인에게 달려들었다. 범인은 남편을 죽일 만큼 완력이 센 성인 남성이었지만 칼을 든 여자의 갑작스런 돌진에는 속수무책이었다. 상상도 못해 본 황당한 상황에 생각이 멈춰 당황하다가 당했는지도 모른다. 어쨌든 남편에 이어 범인도 쓰러졌다. 정씨의 눈앞에는 두 구의 시신이 누워 있었다.

## 누구를 위한 복수인가

남자들은 죽었다. 여자들은 벌을 받았다. 한천금을 죽인 정씨는 태 60대, 간통을 저지른 무당 여인은 태 80대였다. 정씨는 남편의 원수를 갚으려 했다는 이유로 정상 참작이 됐음에도 죗값이 완전히 없어지지는 않았다. 무당은 두 명이 죽은 살인 사건이 모두 그녀의 음탕함에서 비롯된 것이라 하여 유족인 점이 참작되지도 않았다. 두 여성은 꼼짝없이 매를 맞아야 했다. 나머지 한 명의 여성, 김태평의 여동생이자 정씨의 시누이 김씨는 형벌을 면했다. 범인을 붙잡고 있었을 뿐 직접 칼로 찌른 것은 아니고, 형제를 위해 복수하는 의리를 지켰다는 이유에서였다. 김씨는 훈방 처리됐다. 그렇지만 집안은 풍비박산이 났다. 오빠가 살해되고 새언니가 살인자가 된 집에서 김씨의 남은 인생은 어땠을까. 이야기를 듣지 않아도 알 것 같다.

무당과 대장장이의 간통 사건이 가져온 결과는 참혹했다. 둘의 가족은 모두 박살났다. 한천금이 조금만 참았더라면 괜찮았을까. 정씨가 조금만 겁이 많았으면 괜찮았을까. 도대체 정씨는 왜 그렇게 대담했을까? 아니, 정씨를 그렇게 대담하게 움직일 수 있게 만든 원동력은 무엇이었을까?

이쯤에서 다시 질문이 떠오른다. 정씨에게 남편은 어떤 존재였을까? 죽음으로도 갈라지지 않고 싶은 애틋한 존재였을까? 그래서 자신을 던져 남편을 죽인 자를 스스로 처단했을까? 이에 대한 답은 앞서 서씨의 경우보다는 조금 더 확실하게 말할 수 있다. 그렇게 보기는 힘들다고. 정씨의 남편 김태평은 아내를 배신하고 바람을 피우다가 상간녀의 아들에게 걸려서 죽었다. 배신당한 아내가, 남편을 죽여도 시원찮을 아내가, 남편을 살해한 범인을 굳이 자기 손으로 죽였다. 그럴 필요가 있나? 문제가 조금 복잡해졌다.

다소 돌발적으로 보이는 정씨의 극단적 행동을 이해할 수 있는 실마리는 사건을 담당한 지방관의 의견으로 접근 가능하다. "아내가 남편의 원수를 갚았으니 기개가 뛰어나다!"

이 사건을 심리한 관찰사의 의견이다. 비록 관아의 철저한 조사를 기다리지 않고 함부로 원수를 살해한 잘못을 지적하고 있지만 그 지적은 어디까지나 정씨의 의로운 기개를 칭찬한 후에 이어진다. "의롭다", "기개 있다." 그녀가 받은 평가. 바람 핀 남편을 죽인 범인을 자기 손으로 죽이고 그 역시 60대의 매를 맞을 이유로 충분한가?

## 장돌뱅이와 대장장이의 아내가 지킨 의리

남편 죽인 원수를 제 손으로 처단한 두 명의 여성, 서씨와 정씨. 그들은 누구보다 극렬한 방식으로 자신들의 의리를 입증해 냈다. 복수를 위해 자기 손으로 직접 살인을 저지르는 일은 예나 지금이나 보통사람이 할 만한 손쉬운 일은 아니다. 그렇지만 그들을 그저 특이한 인간들로 치부하면서 그 복수 살인 역시 엽기적인 사건으로만 볼 수는 없다. 조선의 국법은 그들의 행위를 이해하고 있었기 때문이다.

"아들은 아버지의 범죄를, 노비는 주인의 범죄를, 부인은 남편의 범죄를, 동생은 형의 범죄를 증언할 수 없다." 조선의 강상윤리는 인간의 의리를 엄격히 규정했다. 부인이 남편의 범죄를 증언하지 못하게 했을 만큼 부인에게 주어진 남편에 대한 의리는 무거운 것이었다. 의리를 지킨다는 것은 무거운 의무이기도 했지만 또 다른 기회이기도 했다. 의리를 아는 자는 인간으로서 인정받는다는 뜻이기도 하니까.

법정에서 그녀들은 인정을 쟁취했다. 정씨는 처벌을 받았다. 하지만 관찰사는 그녀를 두고 이렇게 평가했다.

남편이 제 명대로 살지 못한 것을 보고 손에 칼을 들고
원수를 죽이고는 곧바로 수령에게 아뢰었으니 늠름하
고 기개가 있는 기풍은 충분히 가상하다!

대장장이의 아내 정씨. 그녀는 살인이라는 범죄를 저지르
고 인생 최고의 찬사를 받았다. 19세기 말 조선이라는 공간
에서, 남성이 아닌 여성, 양반이 아닌 낮은 신분의 인간이 얻
어 내기 결코 쉽지 않은 인정. 그녀는 그것을 쟁취했다.

그리고 또 다른 주인공 서씨. 그녀를 재판한 관찰사는 난
감했다. 국가의 관점에서 서씨의 행위는 '속 좁은 성격과 나
약한 몸으로 사납고 독한 손을 쓴 것'이기는 해도, '부모를
위해 복수함이 당연한 것처럼 남편을 위해 복수함도 의리상
당연한 것'이었다. 인간으로서 마땅히 해야 할 당연한 행위
를 했는데 죄를 적용할 수 있을 것인가. 그렇다고 무죄로 석
방하면 뒷날의 폐단은 어찌할 것인가. 결국 관찰사는 상급기
관인 법부로 판단을 돌렸다. 법정에서 판단이 어려운 난감한
행위의 당사자라는 인정, 서씨는 그것을 쟁취했다.

양갓집 규수가 아니었던 그녀들에게 조선 사회의 누구도
남편에 대한 의리를 기대하지 않았을지 모른다. 그런데 그들

은 스스로 그 의리를 쟁취했다. 한 명은 매는 맞았지만 찬사를 쟁취했다. 또 다른 한 명은 국가의 난감함, 그리고 굳건해 보이기만 했던 남성 중심 지배 체제의 균열을 쟁취했다. 그녀들은 그렇게 스스로의 의리를 구현해 가고 있었다.

✳

# 낮: 며느리를 보쌈하러 온
# 패거리를 베다

무언가 일이 일어날 것만 같은 날이었다. 어둑어둑한 저녁 8
시 임씨네 집안에는 긴장감이 감돌고 있었다. 임씨의 부인은
방에 가만히 앉아서 미동도 없이 누군가를 기다렸다. 그곳은
과부며느리가 쓰는 방이었지만 며느리는 방금 전 옆집 시사
촌네로 보내 두었다. 부인 곁에는 죽은 아들의 동생 둘이 지
키고 있었다. 그리고 낫이 있었다.

오늘 점심때쯤 어떤 여자 두 명이 집 주변을 얼쩡거리다 사라
졌다. 마을에서 한 번도 본 적 없는 여자들이라 무척 신경이
쓰였다. 남편이 죽고 홀로 남아 시가에서 살고 있는 며느리 때

문에 부인은 평소에도 걱정이 많았다. 주변에 불량한 무리가 언제 며느리를 노릴지 모르는 일이었다. 더군다나 오늘은 일식으로 태양도 사라졌다. 불길한 징조가 여기저기서 나타나 부인의 마음을 괴롭혔다.

그녀의 예감은 적중했다. 갑자기 대문 밖이 소란스러워지더니 때려 부수고 싸우는 소리가 들렸다. 시사촌동생 임성유가 시끄러운 소리에 놀라 나와서 무슨 일인지 물었으나 침입자들은 대꾸도 하지 않고 시사촌을 구타했다. 난데없는 주먹질에 눈두덩이가 깨져 피를 흘리고 정신이 흐릿해진 시사촌동생은 황급히 도망쳤다. 그들의 다음 목적지는 과부 며느리의 방이었다. 그들은 임씨가 앉아 있는 방으로 들어와 당장 방 안에 불을 켜라고 윽박질렀다. 불이 켜지자 침입자들의 윤곽이 드러났다. 방문 밖에는 침입자들이 무리를 지어 서 있었다.

"네가 바로 과부냐?"

먼저 방으로 들어온 놈이 부인의 머리채를 잡고 머리를 구타하면서 물었다.

"나는 너희들이 찾는 과부가 아니다. 나는 시어미다."

임씨 집안 과부며느리 보쌈 사건이 기록된 《사법품보》의 재판 자료에는
며느리를 지켜 낸 시어머니를 비롯한 사건 관련자의 증언들이 현장감 넘치는
목소리로 표현되어 있다. 심문받는 현장에서 임씨 부인은
"집에 과부며느리가 있어서 항상 두려움을 품고 살았다"고 증언하며,
"당초에 낫을 휘두른 것은 겁을 주어 내쫓기 위함이었지
죽이려고 작정한 것이 아니었다"라고도 항변했다.
그녀의 호소를 통해 평상시에도 가족의 수호자로서 사명을 짊어진
시어머니의 고뇌가 드러난다. 또한, 어린 아들과 함께 낫을 준비한 채
침입자들을 맞이했던 시어머니의 고독하고도
강인한 면모도 생생히 느낄 수 있다.
* 그림: 정인성, 천복주.

부인은 매를 맞으면서도 꼿꼿이 말했다. 하지만 그들은 부인의 말을 들은 척도 하지 않고 방 안으로 들어오려 했다. 부인은 정신줄을 겨우 부여잡고 바로 옆에 챙겨 두었던 낫을 들었다.

"여기 낫 있어! 어? 이거 안 보여?"

부인은 허공에 이리저리 낫을 휘두르며 소리 질렀다. 그런데 낫을 보고서도 한 남자가 앞장서서 불쑥 방으로 들어왔다. 21세의 윤지동이었다. 함께 있던 그의 어머니가 낫을 보고 방으로 들어가지 말라고 말려 봤지만 소용없었다. 아마 중년의 여자가 낫을 휘둘러 봤자 뭘 할 수 있겠냐는 생각이었을 것이다. 그는 거침없이 방으로 들어왔고, 부인은 그를 향해 계속 낫을 휘둘렀다. 그런데 부인의 낫에 무언가가 걸렸다. 그의 옆구리였다. 피가 솟구쳤다. 그리고 살덩이인지 내장인지 모를 무언가가 쏟아져 나왔다. 윤지동은 그 자리에서 즉사했다.

## 정절과 가문의 명예

1905년 8월 30일 충청남도 연기군의 한 마을에서 살인 사건이 일어났다. 가난해서 장가도 못 가고 있던 윤지동이라는 자가 흔히 '과부 보쌈'이라고 불리는 부녀자 납치를 시도하다가 되려 과부의 시어머니에게 살해당한 사건이다.

과부 보쌈이라고 하면 자기 의사와 상관없이 억울하게 납치와 겁탈을 당할 수밖에 없었던 조선 여성의 안타까운 이미지가 떠오른다. 하지만 이 사건은 흔한 상상과는 전혀 다른 방향으로 전개됐다. 과부 보쌈 사건의 희생자이자 핵심 당사자인 과부는 아예 등장하지 않는다. 이 사건의 주인공은 보쌈을 하기 위해 자신의 영역을 침범한 몹쓸놈을 죽인 과부의 시어머니이다. 그녀는 며느리의 과부 보쌈을 막기 위해 만반의 준비를 하고 해결사 역할을 자처했다.

조선시대에 과부 보쌈은 종종 일어나는 일이었다. 남편을 잃은 여성들은 임씨네 집 젊은 며느리처럼 자신을 노리는 폭력적인 손길에 떨어야 했다. 물론 모든 과부 보쌈이 폭력적이었다고 할 수는 없다. 조선 사회는 여성의 정절을 중시했기 때문에 남편이 죽은 여성들이 공개적으로 재혼을 하기 어려웠다. 지체 높은 양반가라면 더욱 그러했다. 그럴 때 과부 혹은 과부의 부모가 미리 적당한 재혼 상대를 물색하여 남자 측과 합의한 후 보쌈의 형태를 빌려 재혼을 하기도 했다. 마을 모두가 알고 있는 거짓말이었겠지만 자연스런 인간사를 무시한 규

율은 영리한 편법으로 적당히 무시되기도 했다. 그렇지만 암묵적인 합의로 납치의 폭력을 벗어나는 행운아들이 존재했다 할지라도 폭력적 상황이 다수였음은 물론이다.

정절을 둘러싼 조선의 현실 또한 우리의 상상과는 조금 다른 부분이 있다. 조선 사회에서 정절이 표면적으로 중요시 되긴 했지만 현실의 생존 문제를 뛰어넘을 수는 없었다. 우리의 상상보다 많은 조선 여성이 생활을 건사하지 못하는 남편을 버리고 새 삶을 찾았다. 자신을 버리고 다른 남자와 살고 있는 아내를 찾아가 행패를 부린 사건도 종종 일어났다. 그럴 때면 재판관은 "아내가 같이 살 뜻이 없다면 스스로 반성해야지 소란을 일으켰다"면서 버려진 남편을 꾸짖기도 했다. 국가도 무작정 정절을 절대적 기준으로 삼을 수 없음은 당연히 알고 있었다. 치열한 생존의 몸부림 앞에서 정절은 부차적 문제일 뿐이었다. 생존과 정절, 양자를 둘러싼 명제는 국가, 가족, 그리고 당사자 여성 모두 알고 있는 문제였다.

하지만 과부 보쌈과 정절 하면 떠오르는 우리의 상상이 정확히 들어맞지 않는다 해도, 정절과 그것이 지켜 줄 가문의 명예는 여전히 중요했다. 조선 후기 과부의 정절은 그 명예와 직결되는 민감한 문제였다. 수절하는 부녀자를 납치하는 과부 보쌈은 국가적으로 용서할 수 없는 범죄이자 과부가 속한 가문의 명예를 심각하게 실추시키는 패악이었다. 이런 일이 일어나면 보통 가장 약자인 당사자 여성, 즉 납치된 과부가 비극을 감당해야 했다. 정절을 잃은 과부 여성은 수치스러움에 스스로 목숨을 끊기도 했다.

누군가는 그 '대단한' 명예의 회복을 위해 더욱 적극적인 역할을 담당하려 했다. 1897년 경상북도 성주군에서는 장씨 여인의 자살 위장 살해 사건이 일어났다. 범인은 여인의 오라비였다. 양반 장계원은 과부가 된 여동생이 이웃 마을의 안조동이라는 자에게 보쌈을 당하자 기어코 쫓아가 동생을 다시 데려왔다. 그러고는 정절을 잃어 가문을 더럽혔다는 이유로 여동생을 목 졸라 살해하고 동생이 스스로 자살한 것처럼 위장했다. 동생을 죽인 후에는 동생의 시가 친척을 이끌고 함께 안조동의 집에 다시 찾아가 안조동을 마을 회관에 묶어 두고 관아에 고발했다.

정절을 잃었다는 이유로 여자 형제를 죽이는 것은 조선의 법률로 용납이 되지 않는 행위였지만 오라비는 여동생을 죽였다. 그에게 정절을 지키지 못했다는 추문이 붙은 채 살아 있는 여동생은 가문의 평판을 떨어뜨리는, 제거해야 할 대상

일 뿐이었다. 그는 가문의 무거운 명예를 벗겨 낼 해결사 역할을 기꺼이 맡았다. 주도면밀하게 여동생을 죽이고 본인도 범죄자가 된 것이다. 조선을 살아갔던 누군가에게 가문의 명예는 그만큼 중요했다.

## '과부 보쌈', 수많은 피해자와 한 명의 해결사

다시 임씨네 이야기로 돌아가 보자. 이 집의 경우는 임씨의 부인이 해결사를 자처했다. 그녀의 남편은 존재했지만 떠돌아다니면서 가족을 돌보지 않는, 아무짝에도 쓸모없는 인간이었다. 때문에 시사촌이 그녀의 가족을 이웃에 데려다 놓고 대소사를 돌봐 주던 참이었다. 생존한 남편이 있었고 시사촌 역시 그녀 옆에 있었다. 하지만 부인은 가족의 책임자가 본인이라고 생각했던 것이 분명하다. 그랬기에 과부며느리의 문제는 남편이나 시사촌이 아닌 오롯이 본인의 몫이었다. 시사촌은 법정에서 이 사건이 밤에 아무도 모르는 사이에 발생했기 때문에 그가 도와주려 했어도 불가능한 일이었다고 진술했다. 하지만 부인은 낮에 수상한 여자들이 왔다 간 후에도 시사촌에게 아무런 말도 하지 않았다. 그저 며느리를 집

94

임씨 여인의 증언.

《사법품보(갑)》(奎17278) 106책 〈忠淸南道燕岐郡西面栗村里致死男人尹支章査案〉

《사법품보》에 기록된 임씨 여인이 재판 현장에서 증언한 부분이다.

이를 통해 임씨 여인의 생생한 진술 내용을 볼 수 있다. 진술장 첫머리에는

'정범 양녀 임소사 연령 42세[正犯良女林召史年四十二]'라고 되어 있어,

임씨의 신분은 양인, 나이는 42세였음을 알 수 있다. 심문장에서 임씨는 윤지동이

방에 들어왔을 때 그녀가 지닌 낫이 안 보이냐고 위협하기 위해 "시겸시겸視鎌視鎌",

즉 "낫을 봐라, 낫을 봐"(사진에서 테두리 친 부분)이라 말했다고 주장했다.

* 출처: 서울대학교 규장각한국학연구원 소장.

에서 내보낸 뒤 낫을 준비해 놓고 조용히 기다렸을 뿐이다.

국가와 사회 그리고 가문, 그 누구도 이 부인에게 가족의 해결사가 되라고 말하지 않았다. 오히려 사건이 벌어진 후 국가는 부인이 이러한 일을 저질렀을 리가 없다고 확신했다. 사건을 조사한 관찰사는 처음부터 부인이 했을 리가 없다고 생각했다. 상대편은 다수이며 힘의 강약이 뚜렷한 남성을 여성이 당할 수가 없다는 판단에서였다. 뿐만 아니라 살인은 원래 쉬운 일이 아니어서 한낱 여자인 임씨 부인 혼자 할 수 있는 일이 아니라고 했다. 국가가 보기에 여성은 살인을 저지르기에도 모자란 존재였다.

하지만 임씨 부인은 당당하게 자수했다. 대범한 그녀는 떨지도 않았다. 애당초 협조한 사람도 없고 깜깜한 데서 낫을 마구 휘두르다 죽였기 때문에 어디를 찔렀는지도 모르겠으니 분명하게 조사해서 처리해 달라고 당부했다.

조사가 끝난 후 관찰사는 충청남도 재판소 판사에게 이 부인에 대한 자신의 의견을 밝혔다. 과부며느리를 지키기 위해 낫을 휘두르고 법정에 나아간 것은 실로 장부라도 할 수 없는 일이라고 했다. 그러니 정황을 참작하여 용서함이 합당하다는 것이었다. 끝내 부인은 윤지동을 죽이고 가문의 명예를

지켜 냈다. 누구도 그녀에게 기대하지 않았지만 그녀 스스로
그 일은 자기 몫임을 확신했다.

1901년부터 러일전쟁 전까지 외국인 고문으로 대한제국
에 체류했던 프랑스인 에밀 부르다레는 이렇게 말했다.

조선의 시어머니는 세상에서 가장 무섭다. 며느리는 자
신이 시어머니가 될 때만을 기다리며 천덕꾸러기로서
혹사당해야 한다.

당시 한국에 들어왔던 서양인들은 조선의 시어머니와 며
느리 관계를 견문록에 기록했다. 그들이 보기에 동양 여성은
가혹하게 억압당하는 불쌍한 존재였다. 반면 시어머니는 아
니었다. 며느리를 혹사시키는 세상에서 가장 무서운 존재였
다. 그들의 눈에 유일하게 억압하는 지위의 여성, 시어머니
의 존재는 인상적이었던 모양이다.

하지만 조선의 시어머니, 임씨 가문의 부인이 가진 권력은
서양인의 단순한 시각처럼 달콤하지 않았던 듯하다. 그녀에
게는 무슨 짓을 해서라도 집안을 지켜 내야 하는 의무가 있
었다. 리더로 가는 길은 그리 녹록하지만은 않았다.

## ✳
## 맨손: 몰래 묻은 무덤을
## 파헤치다

"비록 며느리지만, 시가의 문제는 제 스스로 감당하겠습니다!"

노씨 집안의 과부며느리가 관아에서 외쳤다.

"시오촌당숙 노상우는 병이 났을 뿐만 아니라 피 터지게 싸울 사람도 아닙니다. 제 스스로 감당하겠습니다!"

28세의 이 젊은 과부는 역시나 과부였던 연로한 시어머니와 함께 얼마 전 남의 무덤을 맨손으로 파헤쳤다. 그런데 시오촌 당숙이 범인으로 지목되자 부랴부랴 그녀는 관아에 자진 출

두했다. 그러고는 당당하게 고했다. 당숙은 이 일과 아무 상관이 없고 무엇을 할 수 있는 위인이 못 된다며. 모두 자신이 했노라고.

과부며느리는 김재준이라는 자 때문에 꽤 오랫동안 골머리를 앓고 있었다. 그놈이 시아버지 무덤 옆에다가 몰래 자기 아버지 뼈를 묻고는 거기가 자기 친척 산소라면서 도리어 큰소리를 친 것이다. 그곳은 대대로 노씨 집안에서 장사 지내 온 곳인데 도대체 무슨 소리인지 어처구니가 없었지만 엄연히 국법이 존재하니 법에 기대면 될 터였다.

침착하게 준비해서 소장을 제출했다. 역시나 법은 그녀를 배신하지 않았다. 김재준에게 몰래 묻은 무덤을 파내 가라는 관아의 명령이 떨어졌다. 그렇지만 김재준은 만만치 않은 인간이었다. 계속 파내 가지 않고 끈질기게 버텼다. 그녀는 몇 번이고 소장을 다시 제출했고 그때마다 무덤을 파내야 할 기한이 정해졌다. 그래도 김재준은 전혀 아랑곳하지 않았다. 기다리고 또 기다렸다. 이제 인내는 끝났다.

그날이 왔다. 과부며느리가 생각만 해 오던 일을 드디어 행동으로 옮길 결심을 굳힌 그날이. 시아버지 무덤을 침범한 뼈를 파내는 일, 가문을 위해 반드시 해결해야 하는 중요한 일이었다. 하지만 자신이 나서지 않으면 해결될 기미가 없는 일이기도 했다. 믿을 만한 시가 친척도 없었다. 시오촌당숙이 있긴 하지만 그가 나서 주기를 기다리고만 있다간 영영 해결되지 않을지도 모른다. 그녀가 나서야 했다. 밤이 오기를 기다렸다. 어린 아들을 들쳐업고 나이든 시어머니를 잡아끌고 집을 나섰다.

칠흑 같은 밤이었다. 한 치 앞도 잘 보이지 않는 깜깜한 산길을 조금씩 올라갔다. 여기저기서 짐승 소리가 들렸지만 이 정도는 아무것도 아니었다. 김재준은 과부들만 남은 그녀의 집을 깔보고 업신여겼다. 단단히 본때를 보여야 했다. 무덤이 보였다. 다가가 엉엉 통곡하며 무덤을 헤쳤다. 무슨 연유로 눈물을 흘렸던 것일까. 원통해서인지 겁이 나서인지 잘 모르겠다. 겨우 관이 드러났다. 무서워서 손이 벌벌 떨렸지만 여기까지 와 멈출 수는 없었다. 겨우겨우 관을 열었다. 뼈가 드러났다. 더 이상은 못하겠다. 이제 내려가자.

다음 날이 밝았다. 어젯밤 파헤친 뼈를 더 멀리 옮겨 놓으라고 머슴에게 일렀다. 조만간 그 꼴을 발견할 김재준은 많이 놀라겠지. 과부들 신세에 무엇을 어쩔 수나 있겠냐고 깔보고 있었을 거다. 그렇지만 우리 노씨 집안이 그런 자에게 업신여

김당할 만큼 호락호락하지 않단 걸 그자도 이제는 알았을 것이다. 할 일을 마치고 나니 속이 후련했다. 시아버지도 지금쯤 웃고 계실 터이다. 내 손으로, 우리 집안의 골칫거리를 마침내 해결해 냈다.

## 젊은 과부의 겁 없는 선택

19세기 후반 충청남도 홍산군, 노씨 집안의 젊은 과부며느리가 대담하게도 일을 벌였다. 시가의 무덤 영역이 침범당하자 직접 가서 몰래 묻은 뼈를 파헤침으로써 문제를 해결한 것이다.

무덤을 침범한 김재준은 교활한 인간이었다. 그의 아버지는 오래전에 돌아가셨지만 유골을 이장해야 할 일이 생기자 노씨 집안의 묘역이 탐이 났다. 그는 노씨네 선산에 몰래 유골을 묻고서 친척 김기병에게 주변 무덤 하나를 친척의 잃어버린 묘라고 거짓말하게 했다. 그러고는 자기 집안의 묘소라면서 부친의 유골을 그 옆에 묻은 것이다. 그런데 그 장소가 마침 노씨 집안 과부며느리의 시아버지 무덤 바짝 뒤였다. 이를 발견한 그녀는 여러 차례 수령에게 소장을 냈고 그때마다 승소했다. 하지만 김재준은 이장을 차일피일 미루면서 시간만 보냈다.

더 이상 참을 수 없었던 노씨네 며느리는 결단을 내렸다. 마찬가지로 과부였던 시어머니를 모시고 어린 아들을 등에 업고 깜깜한 밤에 산을 올랐다. 맨손으로 무덤을 파헤쳤다. 아마 곡괭이 같은 도구를 사용했을 테지만 사건 기록상으로는 수굴手掘, 즉 손으로 직접 파냈다고만 되어 있다.

날이 밝은 후 아버지의 유골이 파헤쳐졌다는 소식을 들은 김재준은 보복 시나리오를 짰다. 그는 현장 확인을 하고 곧바로 돌아가 조카 김익현에게 지시했다. 조금 전 파헤쳐진 곳에 뼈 하나를 묻었으니 증인이 될 만한 동네 사람 하나와 같이 가서 주워 오라고. 얼떨결에 마지못해 음모에 동참하게 된 이웃 박영수는 그것이 개뼈다귀 아닌가 하는 의심도 했다. 하지만 그때까지는 노씨네 과부를 모함해 함정에 빠뜨리기 위한 계획이 착착 진행되고 있었다. 남의 무덤을 파헤친 것만으로도 큰 죄인데 심지어 유골을 흩트리기까지 했다면 죄는 걷잡을 수 없어질 것이었다.

그렇지만 사건 조사를 맡은 홍산 군수는 그리 호락호락하지 않았다. 만약 유골이 흩어져 있었다면 김재준이 목격한 후 조용히 돌아갔겠냐고 되물었다. 분명 꼬투리를 잡아서 말했을 것이라는 판단이었다. 조사를 받던 노씨네 과부도 당당하게 반박했다. 자신이 뼈를 파헤치기는 했지만 직접 시체를 옮기지는 않았다고 주장했다. 또 그녀는 사건 조사가 진행될 때 홍산 군수가 직접 유골을 헤아리면서 염한 것을 풀고 거짓을 조목조목 따지자 김재준이 주둥이를 놀리지도 못했다면서 진술을 마무리했다.

김재준은 노씨 일가의 영역을 침범했다. 젊은 과부는 자신이 할 수 있는 모든 방법을 동원해 그의 침범을 막았다. 그녀의 성은 노씨가 아니었지만 노씨 집안의 누구보다도 강렬하게 노씨의 정체성을 밀고 나갔다. 그리고 침착하고 단호하게, 노씨 일가를 훼손한 외부의 침범에 대적하며 노씨 집안의 대표로 우뚝 섰다.

비슷한 시기 조씨 집안에도 열혈 과부며느리가 있었다. 경상북도 봉화군의 한 양반집 과부며느리 하나가 관아에 소장을 제출했다. 안동에 사는 강주라는 자가 부친 무덤을 시가의 선산에 몰래 만들었다는 것이다. 봉화군 아장산 기슭에 있던 선산은 오랫동안 문제없이 지켜져 오고 있던 터였다. 강주로부터 난데없는 침범을 당한 조씨 가문은 여러 번 무덤을 옮기라고 독촉했다. 하지만 강주는 들은 척도 하지 않고 무시했다. 이 뻔뻔한 행태를 참을 수 없었던 봉화의 열혈 며느리는 세상 모두가 잠들어 있던 밤 12시에 선산에 올랐다. 다행히 혼자는 아니었고 시가 식구들과 함께였다. 그들은 무덤 봉분을 파헤치고 관을 드러낸 채 돌아왔다.

과부며느리는 산을 내려와 관아에 소장을 제출하고 자신이 한 일을 솔직히 고했다. 사굴私掘, 즉 남의 무덤을 함부로 훼손하는 행위는 엄한 형벌이 따르는 일이었지만 그녀는 당당했다. 국법을 지키는 것보다 효를 입증하는 것이 중요했기 때문이다. 비록 법적으로 문제가 있을지언정 그녀는 조상의 묘를 지키는 데 한몫을 담당했다.

조씨 가문의 무덤을 침범한 죄가 있는 강주였지만 그 역시 가만히 있지는 않았다. 그도 관아에 소장을 내서 과부며느리를 공격했다. 자신도 부친 무덤을 조씨 선산 가까이에 묻은 것이 잘못임을 알기 때문에 즉시 이장하려고 했는데 때마침 모친상을 당하여 어쩔 수 없이 늦어졌다고 변명했다. 그런데도 그악스런 조씨네 과부가 함부로 무덤을 파헤쳤으니 법대로 해서 원통함을 씻어 달라는 호소였다. 이에 과부는 꼼짝없이 봉화군 감옥에 갇혔다.

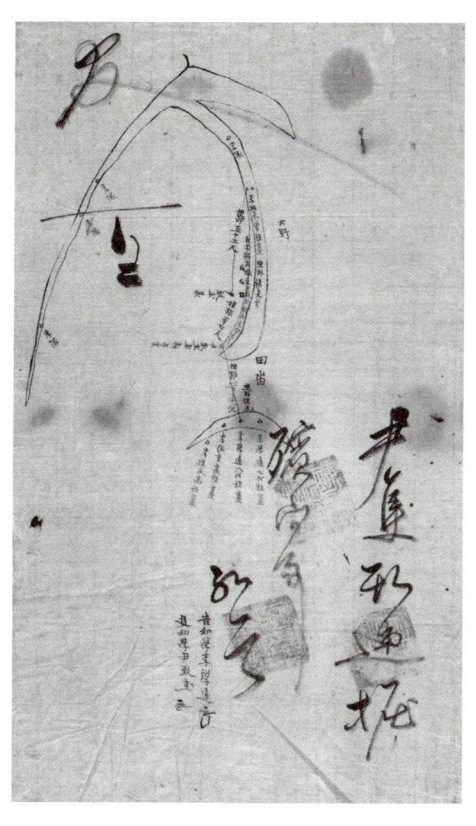

1821년 이학원과 윤치규의 산송 과정에서 제작된 산도山圖(한구 14259).
19세기 초 충청남도 정산군에서 벌어진 산송에서 제출된 산소의 지형 그림이다.
그림의 상단에는 윤치규 처의 묘가 표시되어 있고, 하단에는 이학원을 비롯한
이씨 문중의 묘가 기재되어 있다. 두 묘소 사이에는 거리 또한
표기되어 있어 양자 사이가 어느 정도 가까이 있었는지 한눈에 살필 수 있다.
조선 후기에는 치열한 산송이 전개되면서 소송 당사자는 관아가
판결을 내릴 수 있도록 산도를 첨부 자료로 제출했다.

* 출처: 국립한글박물관 소장.

노씨와 조씨, 두 집안의 과부며느리들. 참 겁도 없는 여성으로 보인다. 둘 다 깜깜한 밤에 산속을, 그것도 무덤들이 널려 있는 묘역을 거침없이 올라갔다. 그리고 무덤을 자기 손으로 파냈다. 관을 드러내고 뼈를 드러냈다. 어지간한 담력으로 힘든 일임은 분명하다.

뿐만 아니다. 일을 저지르고 직접 관아로 달려갔다. 남의 조상 무덤을 파내는 행위가 조선 사회에서 용납되지 않는 무거운 범죄임은 분명 알고 있었다. 당연히 벌을 받게 될 것이었다. 하지만 벌 따위는 별거 아니라는 듯 달려가 자신의 행위를 알렸다. 물론 둘 다 벌을 받았다. 조씨네 과부는 일단 감옥에 갇혔다. 그리고 노씨네 과부는 태 100대, 징역 7년의 엄벌에 처해졌다.

무엇이 그들을 움직이게 했을까? 깜깜한 산에 올라가고, 묻혀 있던 시신의 뼈를 파내고, 관아로 달려가 갇히고, 모진 매를 맞는 것쯤은 감수해야 할 이유가 있었을까? 그 모든 두려움을 뒤로한 채 그들이 절박하게 이루어 내고 싶던 것은 무엇이었을까?

# 못자리 다툼, 그 치열한 틈을 비집다

조상을 선산에 묻고 묘역을 수호하는 행위는 조선 사대부들에게 최고의 가치였던 효를 입증하는 중요한 의미를 지녔다. 좋은 곳에 조상의 무덤을 모신 후 그 영역을 지키는 임무가 얼마나 막중했는지는 노비·전답 소송과 더불어 조선시대 3대 소송 중 하나가 산송山訟이었던 데서도 알 수 있다. 산송이란 분묘와 그 주변 영역을 대상으로 한 민사 소송이다. 쉽게 말하면 문중 간 묘지 다툼이라는 뜻이다.

조상에 대한 효를 입증하고 싶어 하는 사람들의 열의는 명당에 못자리를 쓰려는 열망으로 이어졌다. 그렇지만 좁은 땅덩어리에 최고의 명당이 많을 수도 없을 뿐더러 막대한 돈과 공력을 들여 명당을 차지할 수 있는 사람도 많지 않았다. 슬금슬금 남이 차지한 명당의 언저리에 자기 집안 무덤을 들이미는 경우가 생겨났다. 유교식 상장례가 더 많은 사람의 심성 속으로 확산해 갈수록 산송은 늘어갔다. 조선 후기로 가면서 산송으로 골머리를 앓아 보지 않은 양반가를 찾기 힘들 정도로 조선의 못자리 다툼은 치열해졌다. 양반이 아니었던 노씨 집안조차 산송을 겪었으니 당대의 상황을 충분히 짐작

할 수 있을 것이다.

하지만 산송은 여성의 몫이 아니었다. 조선 사회에서 묘지 다툼은 가문의 문제이지 개인의 문제가 아니었다. 한 가문에는 산송의 소송 당사자가 될 남성이 여럿 존재했다. 직계 가족 몇몇만의 문제가 아니었기 때문에 가문에 친척 남성들이 존재하는 한 여성이 산송의 당사자가 되는 상황은 거의 없었다. 산송은 여성의 손이 미치기 힘든 소송이었다.

당연히도 사회는 여성이 산송의 당사자가 될 것을 기대하지 않았다. 그런데 그런 사회의 기대는 아랑곳하지 않고 거침없이 '마이 웨이'를 한 여성들이 나타났다. 노씨와 조씨 집안 과부며느리들처럼. 그녀들은 사회가 기대하지도 않은 행동을 기어이 해 냈다. 여성을 둘러싼 사회적 기대를 알아차리지 못할 만큼 눈치가 없었을 수도 있고, 아니면 너무 정확히 알고 있어서 오히려 가볍게 뛰어넘었을 수도 있다. 이유야 어찌 됐든 그녀들은 남성들의 영역이던 산송의 틈을 홀연히 비집고 들어갔다.

조씨 가문의 과부며느리는 감옥에 갇혀 무슨 생각을 했을까? 남자 친척들도 같이 있었는데 왜 자기만 갇혀야 되나 억울했을까, 아니면 남자들도 있는데 자기가 가문의 대표자가 되어 뿌듯했을까? 그녀의 생각을 정확히 알 수는 없다. 그렇지만 세상이 그녀를 행위 주체자로 보고 싶어 하지 않았음은 확실하다. 사건을 보고받은 관찰사는 곧바로 그녀가 아닌 남자 자손을 찾으라고 명령했다. 관찰사의 견해로는 무덤을 파헤치는 일은 여자들이 할 만한 일이 아니었다. 그러니 곁에서 도왔을 가까운 남성 친척을 찾아오라는 것이었다. 관찰사의 지시에 과부며느리의 시가 친척 중 24촌이 되는 조병주가 붙잡혀 와서 감옥에 갇혔다.

노씨 며느리의 상황도 별반 다르지 않았다. 김재준은 범인으로 그녀의 시오촌당숙 노상우를 지목했다. 무덤이 파헤쳐진 것을 알고 난 후 그는 정확히 노씨네 과부를 찾아가 따져 물었다. 범인이 그녀임을 알아야 취할 수 있는 행동이다. 그럼에도 관아에 고할 때는 남성 친척을 범인으로 지목했다. 범인으로 몰린 노상우는 김재준이 과부들을 어찌할 수 없어서 억지로 자신이 끌려들어 왔다고 증언했다. 여성들은 산송에서 범인으로 지목될 자격도 없었다.

두 과부며느리, 그녀들 때문에 조사관과 관찰사가 난감해졌다. 조목조목 따져 주장한 끝에 자신들이 실제 범인임은 인정받았으나 여성이라서 적용할 법률도 고르기 힘들었기 때문이다.

"부녀자라 어찌 처벌을 해야 할지 모르겠다." 사건을 재판한 관찰사가 그녀들의 처분을 어찌해야 할지 정하지 못하고 법부에 질품한 이유였다. 남성의 영역에 난데없이 침범한 과부들 때문에 국가는 곤란해졌다.

## 맨손으로 마침내 쟁취한, 사회의 인정

사건은 끝났고 그녀들은 대가를 치렀다. 사회가 바란 대로 가만히 있었더라면 결코 치르지 않아도 될 대가였다. 하지만 그들의 생각은 달랐다. 그들에게 그것은 반드시 자신이 치러야 하는 대가였다.

범인으로 지목됐던 노씨네 집안 자손 노상우는 극구 발뺌했다. 자신은 나이도 많고 병도 들었기 때문에 사건 현장에는 갈 수조차 없었노라고. 과부며느리 역시 동의했다. 시오촌당숙 노상우는 그럴 수 있는 위인이 아님을. 그리고 그 일을 할 수 있는 사람은 자기라고 자신 있게 주장했다. 죄는 자기가 지었으니 벌도 자기가 받는다는 당당한 태도였다.

분함을 품고 무덤을 파헤친 것은 속 시원하고 장한 일이다! 연약한 몸으로 조상을 위하는 효성과 절개는 장려할 만하다!

국가는 그들을 처벌했지만 동시에 찬사도 보냈다. 그들은 조선 최고의 가치 충·효·열 삼강 중 으뜸이 되는 덕목, 효를 구현한 자로서 공식적으로 인정받았다. 여성이 가문의 문제에 주체가 되는 일은 그것이 설령 벌을 받는 일이라 할지라도 어려운 시대였다. 하물며 그들은 남편도 없는 과부였다. 그들이 가문의 일원으로서 가장 앞자리에 서기란 불가능에 가까웠다. 하지만 그들은 자기 증명을 포기하지 않았다. 자신이 소속된 집안의 문제를 가만히 두고 보지 않았다. 이름조차 남아 있지 않은 그녀들이지만 모든 두려움을 이기고 맨손으로 자신을 증명했다. 그렇게 그들은 자신이 발 딛고 있는 사회에서 가장 중요하게 생각하는 가치의 담지자가 되었다.

# 《사법품보》

《사법품보》는 갑오개혁 직후인 1894년부터 광무 연간인 1907년까지의 기간 동안 전국의 각 재판소에서 중앙의 법부로 보낸 보고서와 질품서, 진술서, 판결문 등을 모아 놓은 자료이다. 이 속에는 다양한 민·형사 사건들의 사법 처리 과정에서 나타나는 진술, 선고 등 매우 구체적인 이야기들이 담겨 있어, 근대 전환기 조선의 사회상을 알려 주는 귀중한 단서들을 제공한다. 현재 서울대학교 규장각한국학연구소에 소장되어 있는 이 자료는 《사법품보(甲)》(奎17278) 128책과 《사법품보(乙)》(奎17279) 52책을 합쳐 총 180책의 방대한 분량으로 남아 있다.

글로 자기 이야기를 남길 수 있는 사람이 많지 않던 시대, 《사법품보》는 사건 기록으로나마 다양한 사람들의 생각과 일상, 언어와 행동 양상을 후대에 남겨 주었다. 그런 면에서 《사법품보》 속 여성의 이야기는 특히 소중하다. 여성은 세상에서 차지하는 절반의 비중만큼 글로 자신의 기록을 남겨 놓진 못했지만 《사법품보》에 수록된 생생한 사건들에는 그녀들이 숨 쉬고 살아갔던 자취가 고스란히 남아 있기 때문이다. 여성의 이야기는 다양한 사건 기록들로 지금도 살아남아 우리 곁에서 가부장제 공동체 사회 속 여성이 처해 있던 상황을 생동감 있게 전달해 준다.

《사법품보》의 원본 이미지와 주요 내용은 서울대학교 규장각한국학연구원 데이터베이스(https://kyu.snu.ac.kr/)에서 볼 수 있다.

# 정당한 복수

조선 형법의 기본 법전이었던 《대명률大明律》에서는 부모와 남편을 죽이는 범죄는 강상綱常, 즉 사람이 지켜야 할 도리를 어긴 죄로 엄히 처벌되었다. 살해를 모의하고 실행에 옮기기만 했을지라도 참형에 처해졌으며, 살해까지 가면 능지처사의 극형이 더해졌다. 반면 부모가 다른 사람에게 살해되었을 때 그 복수를 위해 가해자를 살인했을 경우, '원수와는 하늘을 함께 이지 않는다는 것이 만세 불변의 의義'라는 성리학적 윤리에 입각하여 살인죄에 해당하는 참형 혹은 교형에 처해지지 않고 복수의 정당성을 인정받았다. 부모의 살인자를 사건 현장에서 죽이면 무죄였고, 사건이 일어난 후 다른 장소에서 죽일 경우 장 60대의 처벌을 받았다. 송씨 여인의 경우 남편을 죽였음에도 불구하고 강상죄가 적용되지 않았고, 부모의 복수를 했다는 정당성을 인정받아 장 60대가 선고되었다.

## 참고문헌

- 김경숙, 《조선의 묘지 소송》, 문학동네, 2012.
- 덕성여자대학교 역사문화연구소, 《역주 사법품보》 1~40, 봄날의 책, 2018.
- 박경, 《《흠흠신서》殺獄 판결에 나타난 감정의 법적 수용 방식—복수 살인 및 부모 위해자 살해 사건을 중심으로〉, 《역사민속학》 60, 2021.
- 한보람, 〈갑오개혁 직후(1894~1897) 여성 관련 범죄의 사회적 의미—사법품보 문서 분석을 중심으로〉, 《역사와 실학》 77, 2022.
- _____, 〈근대 전환기 여성 주체성의 실제와 의미: 《사법품보》 여성 복수 사건을 중심으로〉, 《숭실사학》 54, 2025.

**역사 속 여자, ○○하다 3**

# 여자, 조용히 살지 않기로 하다

2026년 3월 16일 1판 1쇄 인쇄
2026년 3월 19일 1판 1쇄 발행

| | |
|---|---|
| 지은이 | 윤민경·한보람 |
| 펴낸이 | 박혜숙 |
| 디자인 | 이보용 김진 |
| 펴낸곳 | 도서출판 푸른역사 |
| | 우) 03044 서울시 종로구 자하문로8길 13 |
| | 전화: 02)720-8921(편집부) 02)720-8920(영업부) |
| | 팩스: 02)720-9887 |
| | 전자우편: 2013history@naver.com |
| | 등록: 1997년 2월 14일 제13-483호 |

ⓒ 윤민경·한보람, 2026

ISBN 979-11-5612-326-2 04900
　　　979-11-5612-323-1 04900 (세트)